SAR—PELADANTI

Amicitia excelsior,
Compar sit Laudatio.

L. L.

MES

YEUX D'ENFANT

TIRÉ A TROIS CENTS EXEMPLAIRES

I

MES YEUX D'ENFANT

PAR

LÉONCE DE LARMANDIE

PARIS

LIBRAIRIE DES BIBLIOPHILES

Rue de Lille, 7

—

M DCCC LXXXVIII

DÉDICACE

Aux Ancestrales, aux filles du sang et
de l'âme, à tous les êtres, à toutes les
formes qu'aimèrent les yeux de l'enfant,
dédié par la pensée de l'homme.

L. L.

PRÉLUDE

AUBE

Lorsque s'ouvrit pour moi le monde des sensations et des idées, deux êtres tentèrent ma prédilection pour m'aider à la traverse de la vie : un cheval, dévorant du regard l'immensité des chemins, un monstre ailé défiant les élévations et les abîmes.

Mais je ne ressentis aucune perplexité. Je contemnai le coursier, et, d'un élan, bondis sur la CHIMÈRE.

PRIME AURORE

A première fois que la splendeur matinale pénétra mon âme en éblouissant mes yeux, j'avais sept ans à peine, et me promenais dans les bois avec une fillette de mon âge, doucement, en silence, perdant mes regards au ciel vaguement entrevu parmi les verdures. A travers les feuillages émus, le soleil versait sa blanche lumière empreinte d'extase et de sérénité. J'avais l'impression d'un grand sourire qui m'épanouissait et d'une fontaine de clarté ruisselant des faîtes de l'azur sur les profondeurs de la terre. Le tapis de bruyères où nous marchions, zébré de lueurs et d'ombres, légèrement humecté de rosée, cédait et mollissait sous nos pas avec un froissement insensible qui se mariait au murmure des insectes et au gazouillement des oiseaux. Ma petite compagne ne parlait pas, baignée comme moi dans l'enveloppante vision. Soudain, toujours sans parole et avec un geste si doux qu'il me parut une caresse, elle effleura mon bras du bout de sa frêle main. Je me retournai vers elle : sa figure, quoique respirant le bonheur calme, avait cette gravité des jeunes visages devant les spectacles qui éveillent leurs premières admirations.

Je voyais luire entre ses doigts une bille de cristal orangé, emprisonnant dans ses contours des parcelles brillantes semblables à des paillettes d'or. Un rayon de soleil jouait au milieu de ces fines poussières qui étincelaient comme autant d'astres, et me faisaient rêver aux opulences des contes enchantés. Mon regard témoigna une telle intensité d'émerveillement et de désir que mon amie me tendit sans hésiter le cher trésor imprégné de mirages. Mais en même temps se peignit sur ses traits un sentiment intime de crainte. Je compris qu'elle voulait dire : « Ne le perds pas ! ne le perds pas ! »

Fut-il jamais possible de mettre une emprise durable sur un paroxysme de joie ! A peine avais-je porté à mes lèvres ce petit globe éclatant, voulant boire à leur source les lumières qui s'en échappaient, que le talisman fugitif glissait de ma main et disparaissait dans les hautes fougères. Ensemble et d'un mouvement spontané, nous nous agenouillâmes pour rechercher notre étoile filante.

Nous nous fatiguâmes à courber les ajoncs et les herbes, à gratter la terre, à convulser les tiges; l'agate, enfoncée dans quelque fissure ténébreuse, dormait le sommeil de l'oubli sans fin. Quand nous

nous relevâmes épuisés, sans courage, nos fronts reflétaient l'amertume des remords. Le beau matin se
voilait de brouillards, de gros nuages montaient au
ciel, à peine pûmes-nous retrouver notre chemin.
Lorsque nous fûmes sortis du bois et que nos pieds
foulèrent le sol poudreux de la grand'route, toute
amitié, toute tendresse s'évanouit en nos âmes, et,
sans plus songer l'un à l'autre, seulement soucieux
du météore disparu, nous marchions côte à côte
froids et taciturnes, en indifférents, en étrangers.

PREMIÈRE ÉVOCATION

LES FANTOMES

PREMIÈRE ÉVOCATION

ANCESTRALES

I

Mon aïeul fut le plus haut visage qu'aient adoré mes jeunes années. Tout blanc, courbé, les linéaments confus, les pas hésitants, tel il m'apparaît au lointain de mes souvenirs, tel sous les ruines de son allure, splendide autrefois, il éclaira mon enfance admirante. De ses actes, je ne me rappelle que la commune vénération des hommes, toutes les têtes qui s'inclinaient, tous les fronts qui se découvraient, ainsi que la multitude des saints sur le passage d'un ange envoyé. De ses paroles, la seule mansuétude m'est demeurée, la douceur du vieillard qui conversait avec les pauvres et qui saluait les petits enfants. La haine des envies, déjà grondantes, s'apaisait devant lui; il était l'anse abritée, la rade profonde qui arrête les convulsions du vent, où les navires fatigués goûtent le repos des roulis vagues et des insensibles balancements. Quand je songe à ses lentes promenades à travers la campagne printanière, j'ai la vision de la nature s'animant et chantant par la voix de ses fleurs et de ses verdures : « Béni soit celui qui vient au nom du Seigneur. »

II

A la troupe d'enfants qui s'ébattaient, oublieux de l'humble existence, dans l'insoucieuse gaieté du foyer, il fallait pour vivre le travail héroïquement acharné du père. Aux plus obscures, aux plus froides, aux plus silencieuses heures de la nuit, pendant que l'âme des petits savourait le baiser des songes, le père s'arrachait aux sérénités nuptiales du repos. Il s'enveloppait d'un manteau pesant, rongé par le temps, détrempé des pluies, et, dans sa pauvre voiture aux lanternes absentes, aux roues disloquées, s'en allait à travers le brouillard et les rafales, cahoté par le trot misérable d'un vieux cheval perdu. Les fines brumes l'imprégnaient, la bise aiguë des vallons lui cinglait le visage. Débonnaire à sa bête épuisée, il ne la pressait pas, ne la fouettait jamais, et somnolait, résigné, dans l'accablement monotone des longues routes. Mais, quand il revenait après une journée de labeur pénible, et bien souvent en pleines ténèbres, aucune trace de lassitude ou d'ennui ne l'assombrissait, et lorsque nous baisions à tour de rôle sa figure tran-

sie qui glaçait nos lèvres, nous la voyions s'illuminer
d'un large rire surabondant du cœur.

III

Candide comme le plus blanc des lys, immaculée
comme le sein des vierges, avec la pudeur des roses
naissantes et la pâle sainteté des madones, elle allait
lente et calme, du même pas toujours tranquille,
rayonnant sur les hommes et les choses la pureté de
son âme et de sa figure d'albâtre. Élevée en un mysti-
cisme divin, contemplant par delà les nuages terrestres le haut épanouissement du ciel, son amour des
joies éternelles transparaissait sur son visage en
reflets d'extase. Inaltérée vivait sa douceur, et quand
flottait un voile de chagrin, c'était la tristesse espé-
rante des Marie et des Véronique. Comme nulle
douleur ne la troublait, aucun spectacle ne pouvait
l'étonner. D'un regard paisible également, elle consi-
dérait les splendeurs et les misères, sentant les unes
inférieures à son idéal, attirant sur les autres la rosée
des miséricordes. Si j'évoquais en ma mémoire les
étoiles qui m'ont guidé, les soleils qui m'ont prodi-
gué leurs chaleurs, les aubes secourables qui révélè-
rent le jour à la pénombre de mon cerveau, la face
de ma mère se montrerait tout d'abord, dominante et
claire dans une auréole.

VIERGE ET MARTYRE

La sœur de ma mère était une figure étrange et unique, une âme du moyen âge égarée dans la décomposition de nos temps, mûrs pour le feu du ciel. Haut esprit et cœur tendre abrités en un corps chétif, qui les déformait en les comprimant, elle était le perpétuel combat, la lutte ininterrompue entre l'expansive bonté et le parti-pris invétéré, entre l'intelligence lumineuse et la vue étroite bornée opiniâtrément. Nul n'aima avec plus d'abnégation ardente, nul n'infligea plus de soucis aux personnes aimées. Une piété filiale immesurable, désorbitée, atteignant le culte et l'adoration, fut le principe de tous les actes de cette vie, la plus étonnamment anormale, la plus poétiquement mystérieuse qu'il m'ait jamais été donné de contempler. Attachée à son père par une dévotion exclusivement absolue, fruit du célibat et de l'intémérable chasteté des pensées, elle suivit pas à pas sa vieillesse avec l'encensoir de l'admiration et les génuflexions de l'amour. Quand l'ancêtre se fut éteint, les jours de sa fille voués au noir éternel ressemblèrent à ceux de la prêtresse isolée près de l'autel où la flamme ne doit pas mourir. On n'a jamais su les minutes fugitives qu'elle donnait au sommeil. A toute heure de la nuit, la faible lueur d'une lampe d'église filtrait à travers les contrevents mal joints du vieux pavillon qu'elle habitait. Un observateur attentif de cette veillée eût aperçu la lumière se déplacer par moments, et descendre enfin dans une soupente exiguë, où se découpaient au murmure des rosaires, avec Élisa, l'auxiliaire propice, les fleurs artificielles destinées aux crédences de la chapelle. Ce labeur durait souvent jusqu'à l'aube, et la pourpre du matin, pénétrant par un soupirail grillé, faisait pâlir insensiblement le bougeoir nocturne. C'était le moment de la prière agenouillée qui se faisait devant le tabernacle, sur le tombeau du bon aïeul. Cependant le soleil levant illuminait l'espace et entrait dans l'oratoire joyeux et multicolore par les vitraux jaunes et bleus; il annonçait que les fleurs du jardin, tout embaumées de jeunesse, attendaient le bonjour de leur compagne. Elle comprenait leur langage et leur tenait de longues causeries immobiles. A demi penchée, à la fois sereine et grave, elle entendait sortir du fond des corolles, avec les parfums caressants, une mélodie rythmique, le chant des immaculées qui saluaient en elle leur tendre, leur fidèle amie. Venait ensuite l'accablante journée pleine de charités et d'épuisements. Pas un repos, pas un relâche, de lentes précipitations aux vouloirs préconçus et aux œuvres de miséricorde. Un seul délassement : le cycle des ablutions réitérées. Celle dont l'âme était plus nivéenne que les jasmins, que les lys, vouait son corps à la pureté des ciboires et des calices.

Quelle autre fin que le martyre pouvait nimber l'occident de cette existence ! Quand l'âge glaça ses intrépides volontés, elle se réfugiait auprès de grands feux comme pour rallumer l'énergie de son sang. Les flammes un jour la gagnèrent, et elle fut en un instant embrasée ; elle repoussa les secours, et au lieu d'arracher ses voiles, en sa pudeur follement héroïque, on la vit saisir un drap comme un linceul et enclore sur elle l'incendie. Suivirent deux jours et deux nuits de tortures infernales, sans un cri, sans une plainte, sans autre parole que celle-ci : « Que la volonté de Dieu soit faite. » Quand la mort vint, elle transfigura la sainte mutilée en une forme souriante et blanche aux pieds de laquelle s'inclinèrent toutes les vénérations. Ses obsèques furent une immense fête d'affluence et de soleil. Sa vieille voiture délabrée l'emporta comme un char de triomphe, parmi la glorieuse mélancolie de verdure pâle et de rayons, dont l'automne expirant ensevelissait la Vierge morte.

LA VIGIE

Mon père avait une sœur d'une intelligence subtile et inquiète, d'une de ces bontés impératives et
absorbantes qui en vous embrassant vous étouffent et
vous font crier lorsqu'elles vous étreignent. Ayant
toujours repoussé le mariage, moins par absence de
propension que par impossibilité de découvrir la chimère rêvée, elle s'était isolée dans une vieille masure
familiale, au fond d'une vallée pleine d'ombre, environnée d'un murmure de fontaines. Soignée par deux
serviteurs qui la vénéraient, constituée par son propre
vouloir en gardienne jalouse de la dignité du nom
de ses pères, rarement accessible aux sourires et aux
douces paroles, toujours imprégnée des émotions du
passé dont elle n'avait retenu que les douleurs et les
tristesses, pieuse profondément, quoique hérissée d'a-
nathèmes contre les prêtres du voisinage, dirigeant son
petit avoir avec l'impeccable sagesse d'un haut finan-
cier, charitable et grondeuse, sincère et compatis-
sante, alliant la plus exacte parcimonie à la plus fine
entente du bien-être, par la succulence des mets de sa

table et l'enfoncement doux de ses lits de plume, elle contrastait étrangement, en sa face grave, en ses lentes allures, en sa morose attitude, avec le délicieux paradis vert qu'elle avait choisi pour sa retraite. C'était une impression mystérieuse, une sensation d'angoisse intime que l'on éprouvait à voir ce front enténébré de pensées mornes, qui se mouvait au milieu du chant des oiseaux, du bruit des sources, du mouvement des ramées. Sous les rayons du soleil tamisé par d'épaisses feuillées, le gazouillement du ruisseau que j'écoutais des heures entières enseveli dans une cabane de mousse, me semblait un interminable sanglot, parfois traversé d'un regret mélodieux, d'un appel aux allégresses d'autrefois. La chute du soir était l'heure du solennel épouvantement. Au moment où s'allumaient les étoiles, où la pénombre allait se fondre dans la nuit, la suzeraine, la tête ensevelie sous un bonnet blanc aux lividités de suaire, s'avançait auprès de l'âtre où les serviteurs courbés achevaient le labeur du jour. Aux lueurs fuligineuses d'une chandelle de résine, tous s'agenouillaient, et une voix profonde et fortement timbrée commençait cette longue prière du soir parsemée de ces phrases faisant courir des frissons : « Mon Dieu, faites-moi souvenir que je puis mourir cette nuit... que j'entre dans mon lit comme dans mon tombeau... dissipez les mauvais songes et les fantômes impurs... nous n'avons plus peut-être que quelques instants à vivre. » Puis la voix se taisait pour la méditation, et le chant des insectes nocturnes enveloppait la houle des impressions et la noirceur des pensées. Heureusement qu'un lourd sommeil nous saisissait bientôt, et qu'on n'était plus réveillé que par les gaietés de l'aurore.

Cette austère figure est glacée dès longtemps, mais ses traits sont engravés dans mon âme et ne s'en effaceront jamais. La morte a gardé un œil ouvert sur tous ceux qu'elle aima et fit souffrir tout ensemble ; elle n'a pas abdiqué sa haute mission de censure et de reproche ; son ombre plane encore parmi les solitudes où elle régna. Quelques jours avant de s'éteindre, lugubrement fière au milieu des douleurs, elle me dit : « Prends garde, rejeton de ma race, mes regards ne te quittent pas. » Et, bien souvent, dans mes rêves, je vois apparaître son pâle visage entouré d'un linceul. Ses yeux me contemplent fixement, sa bouche s'ouvre toute grande, et j'entends l'inoubliable accent de cet oracle qui me répète : « Prends garde ! Prends garde ! »

FILLES DU SANG

FILLES DE L'AME

I

Marie fut la seconde mère. Son adolescence était dorée par la gaieté des soleils qui luisent sur les bois printaniers, mais en pleine jeunesse le voile des chagrins et des efforts douloureux vint assombrir la joie de son front. A peine s'ouvrait-elle aux allégresses de la vie que l'inéluctable malheur et la nécessité impérieuse se dressaient tout à coup pour lui dire : « Tu n'auras qu'entrevu la paix des horizons lumineux, la destinée te condamne aux nuits sombres, aux firmaments alourdis de nuages. Ton âme, qui s'envolait vers les ravissements du ciel bleu, est rivée au bagne des labeurs obscurs. Qu'une pensée te console : ta main aplanira la route des enfants qui autour de toi rient et chantent, insoucieux encore des temps pénibles, des jours amers. »

II

Marguerite était la note aiguë et stridente du concert familial : la douceur absente était remplacée par l'ardente bonté. Cette âme hérissée d'impatiences s'ouvrait d'instinct à l'embrassement des abnégations. Elle avait des gémissements de cœur, des deuils de pensée, lorsqu'elle songeait à une souffrance qu'un soulagement n'avait point encore endormie. Les pauvres étaient ses favoris aimés, les bêtes repoussées et rudoyées avaient sa pitié secourable. Les mendiants honteux et délabrés, les petits vagabonds déjà courbés par la fatigue et bronzés par le hâle, les chiens disgraciés et vieillis que l'on chassait du foyer, toutes les indigences, tous les écroulements, trouvaient un refuge aux bras de sa miséricorde.

III

Léonie fut l'ange envoyé, close à tout sentiment amer, pétrie d'inaltérée douceur, ne connaissant que les paroles aimantes ; de toutes, c'était la plus immaculée. Blanche de corps et d'âme, ainsi qu'un grand lys ouvert, avec une légère couronne d'or pâle comme la royale fleur. Elle incarnait l'être séraphique toujours accordé par Dieu aux familles d'élection pour représenter parmi nos larmes la haute extase des paradis. Mais comment serait durable une pareille faveur de l'Éden éternel ! La source fuit, le rayon s'éteint, le printemps se fane. Plus une splendeur illumine, plus tôt arrive son déclin. Le ciel est avare de ses enchantements, et ses messagers ne font que passer sur la terre.

IV

Louise... Louisette, compagne de mes jeux enfantins, tu fus peut-être la seule à connaître et à goûter pleinement la joie. Un ange aussi, mais un ange de la terre. Avec une profonde magie d'expression et de sentiment, tu éprouvas en ton âme et répandis autour de toi la gaieté des jours, l'intime allégresse des choses. Une course dans les bois, une aurore contemplée, une hirondelle entrevue, un ruisseau écouté, suffisaient à dilater ton âme, à épanouir ton visage. Tu pénétrais et embrassais toute la quantité de ciel contenue aux verdures, aux crépuscules, aux eaux courantes, aux ailes pensives des scarabées d'or. Et ton rire dissipait les tristesses comme le soleil efface les brouillards.

V

Alix est la dernière que nous ayons gardée. Elle fut toujours environnée de la prédilection qui s'attache aux plus petits. Elle me représentait l'absolu de la beauté enfantine, et je ne pouvais rien comparer à la délicatesse de ses traits, à l'idéale complexion de sa mignonne figure. C'était le joyau, la perle, le rare diamant qu'enchâssait mon enthousiasme adolescent, la gemme précieuse dont j'étais glorieux, et que je protégeais avec la jalousie du dragon gardien des pommes d'Hespérie. Une fierté m'auréolait quand je lui prenais la main pour la mener au bosquet ou à la charmille. « Voyez ma petite reine, comme elle est belle ! » disais-je aux roses et aux pervenches.

VI

En Grèce, les jeunes filles sans fortune qu'adoptent les familles moins dénuées reçoivent le nom touchant de ψυχοκορη, « psychocorè », *filles de l'âme*. Des *filles de l'âme* nous étaient nécessaires pour compléter l'expansive douceur du paysage familial. Nous en eûmes deux, Rose et Blanche, deux fleurs. Mêlées à toute notre enfance, aux courses matinales, aux jeux sous le soleil, aux bains du crépuscule, à nos chagrins et à nos joies, elles furent véritablement sororales. L'une est partie dès longtemps vers une lointaine destinée ; l'autre, après de nombreux exils, est revenue auprès de nous, comme au nid, comme au bercail. Elle instruit et caresse les enfants de ses petites sœurs d'autrefois, et partage encore nos bonheurs et nos peines, nous remerciant des sourires, nous pardonnant les larmes.

SANCTUS

L'oncle évêque n'était point un lettré dont les paroles enchantent, ni un éloquent dont la véhémence subjugue ; il ne parlait que pour les simples, le buste immobile et les yeux clos. Pourtant je ne me rappelle point de voix plus pénétrante, d'accents plus profonds, d'oraisons plus douces. Ses paupières fermées protégeaient un regard qui plongeait au sein du mystère, et par les cils imperceptiblement agités, se répandaient sur tout le visage des clartés surnaturelles, comme les rayons du soleil glissent par la fente d'un volet et viennent éclairer une chambre obscure. Ferme dans sa haute taille, ensemble inflexible et suave en sa doctrine affirmée, pontife par la majesté, saint par l'extase, aïeul par le sourire vague qu'étoilait la bonté, quand l'homélie coulait de ses lèvres, avec la chaleur de l'exhortation, l'inébranlable sûreté du précepte, la divine compassion de l'amour, on éprouvait le sentiment de la doctrine irréfutée, tout à la fois entraînante, invincible, miséricordieuse. S'il passait de l'enseignement à la prière, ses genoux se

ployaient avec autant d'humilité que son front na-
guère s'était dressé royalement. Cet élu resté de tout
temps parmi la lumière des œuvres saintes, n'ayant
jamais égaré ses pas dans les ténèbres de la faute ni
dans la pénombre de l'imperfection, trouvait en la
profondeur de son âme inclinée l'élan de supplication
des purifiés et des repentis. Docteur par la sérénité,
charmeur par les inflexions vocales qu'imprégnait une
mélodie, révélateur par le visible nimbe qui couron-
nait ses cheveux, il guidait vers la sagesse et eût con-
duit jusqu'au martyre les multitudes fascinées à la
contemplation de sa grande allure, comme les agenouillés buvant les oracles de sa vertu.

Mais, par un contraste inattendu, précieux indice,
fruit certain de ses communications célestes, ce bon
pasteur, lorsqu'il abandonnait l'autel pour traverser la
vie profane, se métamorphosait sans effort en un
alerte, en un joyeux. C'était la fleur rutilante se dé-
gageant de sa tige, le rayon perçant le nuage, l'aube
s'élevant dans la nuit. La gaieté sans ombre et sans
contrainte, également éloignée des banalités et des
triviales bruyances, pleine, entière, lumineuse et
chaude comme l'allégresse des verdures sous le ruis-
sellement du soleil. Cet austère ne dédaignait point
l'ironie douce et dépourvue d'aiguillon qui provoque
le rire sans infliger la meurtrissure. Ce mortifié prenait place aux tables opulentes, et je n'ai point
gardé souvenir de plus resplendissants festins que ces
agapes des jours disparus, où la senteur des énormes
bouquets et la saveur plantureuse des fruits rouges

s'alliaient aux aromes des vins parfumés, nous prodiguant alors leurs suprêmes délices. Dans la récitation des grâces reparaissait l'homme d'en haut, il tempérait d'un léger sourire la gravité de son visage : un peu de pitié discrète et silencieuse adressée aux convives qui avaient oublié quelques atomes de raison parmi les fumées du repas.

A la fin du jour, il récitait lui-même la prière, et les mystérieuses terreurs de l'enfance, ces soirs-là, ne nous troublaient point. Nous nous endormions confiants et tranquilles, rassurés et heureux, certains d'apercevoir le ciel dans la gloire dorée de nos songes, et de nous réveiller le lendemain parmi l'éclat d'une belle aurore, obtenue pour nous par la magie du saint.

EOS, EROS

Mademoiselle Joséphine, ou plus simplement Mademoiselle, la « demoiselle par excellence », que j'eusse appelée certainement la « Grande Mademoiselle » si j'avais su l'histoire à cette époque, fut, au moment où s'accomplit ma septième année, mon premier amour, une de mes plus violentes passions. Elle m'enseignait les lettres et les chiffres, et n'avait point encore trente ans : je ne puis dire si elle était vraiment belle, malgré la précision de mes souvenirs ; en ce qui la concerne, je ne me rappelle que l'affection anormale et désorbitée que je lui portais, et qui me faisait m'écrier de l'aube au soir : « Elle est magnifique ! » Ce n'était point l'attachement ordinaire d'un enfant bien né pour une aimable et gracieuse éducatrice, mais bien en pleine vérité l'ardeur insensée d'un jeune homme pour une maîtresse délectable. J'avais devant elle des prosternements, des adorations, j'exécutais à tout instant à ses pieds l'acte méritoire de la génuflexion, celui qui répugna toujours le plus à ma nature impatiente du frein, ayant conquis le même jour l'âge de raison et l'âge d'orgueil. L'amour normal laisse vivre la fierté, la passion fait litière de cette couronne des fronts ; c'est pour cela qu'elle est illégitime et dévouée aux justes anathèmes. A sept ans on n'est point philosophe, mais impressif, mais sensitif ; il n'est pas inouï qu'on soit déjà sensuel. L'enflammée prédilection dont j'environnais « mademoiselle » possédait tous les caractères des appétits voluptueux ; je la convoitais d'instinct comme un fruit défendu, et en mon âme, qui s'ouvrait à la vie, je formais un vague rêve de tous les désirs, de toutes les caresses, des baisers incomparables, des étreintes, des embrassements. Que de fois, au repas du soir, j'exprimai ma chère et douce folie, bégayant les notes inconnues de la grande mélopée sensorielle, à l'ébahissement de ceux qui m'écoutaient ! Je ne pouvais *la* quitter un instant sans douleur vive, sans effarement. Le matin, je pénétrais chez elle avant la toilette achevée, je contemplais ses dents comme une rangée de lumières, curieux des parfums répandus et des apprêts de la chevelure. Quand elle avait mangé, je dérobais jalousement, pour en communier, ses restes et les objets employés par elle ; prenait-elle des remèdes, je sollicitais la faveur de partager les plus amers, les plus répugnants, qui revêtaient pour moî le goût surnaturel des lèvres aimées. Je devenais savant pour lui plaire, ce fut l'envie de lui agréer qui me constitua cérébral. Lorsqu'un châtiment sensible était décrété, j'éprouvais une gourmande joie à ce que l'exécution fût confiée à *ses* mains, intuitif déjà

des tortures délicieuses qu'infligent les êtres adorés.
Je me rappelle cette aspiration dans une rêverie matinale montant comme une prière des profondeurs de
mon désir : « O Mademoiselle, être coupé à mor-
ceaux par vous ! » Mais cette attitude annihilée
était relevée par une expansion de chevaleresque dévouement. Je faisais la garde autour d'elle comme un
animal féroce surveille son repaire ; malheur à qui
voulait l'approcher, à qui eût semblé ne pas lui porter l'obligatoire vénération ! Un jour, à l'église de la
paroisse, une vieille pauvresse qui allait à la sainte
table eut l'audace d'appuyer son coude sur la chaise
de Mademoiselle. Je m'élançai vers l'irrévérente en
chien enragé, je la griffai, je l'aurais dévorée. Quand
Mademoiselle demeurait trop longtemps en oraison,
j'étais jaloux du Saint-Sacrement et adressais au tabernacle mes plus furieuses grimaces. Elle résuma pour
moi toute la frénésie des démences futures. Si j'ai
considéré depuis avec plus de tristesse les désolations
de l'amour, je n'ai point éprouvé avec une impression plus subtile l'acuité vénéneuse de son aiguillon.

ANCILLA DOMINI

Francille était au service de la maison natale depuis les temps les plus anciens, mon père et ma mère
l'avaient toujours vue, elle leur avait toujours paru
une vieille femme, son âge était de tous ignoré. La
dénomination de servante ne pouvait convenir à cet
être maternel qui avait consacré aux habitants, aux
animaux, aux murailles même de la demeure antique,
un indéfectible amour, un culte de prêtre purifiant
les vases sacrés. Dans les origines, à une époque
imprécise, au temps d'aïeules connues de nom seulement, les gages de Francille avaient été fixés à soixante
livres par an ; ils étaient restés invariables, jamais
l'idée d'un accroissement ne lui était venue : c'était
avec indignation qu'elle avait toujours repoussé les
instances de ses maîtres, et tant d'hivers s'étaient depuis accumulés, qu'aux jours de mon enfance elle possédait un petit trésor. La pensée d'un salaire véritable l'eût consternée ; elle était des nôtres, à la fois
mère et sœur, avec la douce familiarité de l'affection,
sans jamais transgresser la loi du respect, d'un respect

tendre, issu du cœur. Les plus diligents ignoraient
l'heure de son lever ; en toute saison elle commençait
sa prière avant le jour et son signe de croix montait
à Dieu dans la première aurore. Elle s'était dévouée
constamment aux besognes les plus humbles, les plus
épuisantes, c'étaient les travaux de basse-cour accomplis avec une infatigable vaillance parmi la foule des
animaux domestiques, environnée, aimée des plus vils,
pour qui elle avait des tendresses, des soins attentifs,
des sourires compatissants. Aucune tâche ne lui
était plus pénible que l'égorgement d'une bête ; elle
exécutait la sentence de mort, n'ayant jamais discuté
un ordre et n'admettant pas qu'un « sujet » com-
mandé pût se décharger sur un autre d'une corvée
douloureuse. Mais, pour la poule condamnée, pour
le pigeon proscrit, quelles douceurs, que de caresses
avant le coup fatal ! C'étaient des regards émus, des
attitudes désolées, ses mains amaigries passant et
repassant sur le plumage comme pour un bercement,
et ces plaintes exhalées du cœur : « Pauvre bête,
comme tu es jolie, comme tu es luisante ! Je t'aimais
bien... je ne te ferai guère de mal. Va... ce sont les
maîtres qui le veulent... tu es leur soumise comme
moi, il faut bien obéir. » Après la dernière goutte de
sang répandue, elle déposait le corps sur un linge
avec des précautions infinies, et jetait sur la victime
un regard d'adieu qui demandait pardon. Les voués
au couteau qui, massacrés par d'autres, criaient et se
convulsaient, étaient résignés sous les doigts de Francille, car jamais, avant d'enfoncer la lame, elle ne se

permettait la moindre brusquerie, la plus faible violence. Étaient aussi du domaine de son activité toutes
les œuvres ingrates destinées à la négligence ou au
délaissement. Et jamais un murmure, jamais un soupir. Sobre et austère, elle mangeait les restes des
restes, buvait de l'eau pure et pratiquait d'effroyables
jeûnes avec les rigoureuses observances d'autrefois.
Elle était la dernière couchée, et, bien longtemps après
le départ de tous, travaillait dans un angle de la cuisine, sous la pénombre fumeuse d'un lampion qui se
mourait. Avant le sommeil et indépendamment de la
prière faite en commun, il fallait encore à Francille des
méditations agenouillées. Et au moment où, pour
quelques heures, le repos l'enlaçait, sa dernière pensée allait à ses maîtres « qui étaient si bons » et à
Dieu « qui l'avait toujours comblée de l'abondance
de ses grâces ».

LE CONNÉTABLE

La lecture de la *Semaine des enfants* et surtout l'attentive contemplation de ses images avaient fait de moi un héros. A six ans je me proclamai chef de brigands, six mois après roi, un an plus tard empereur. Je pris le nom de Scinis Premier emprunté à la mythologie grecque, saisi d'admiration que j'étais envers ce bandit crétois, qui ployait les arbres jusqu'à terre et s'en servait en guise de frondes pour lancer les hommes. Il me fallut une capitale : j'investis de cet honneur Boulia, une lande inculte où ne poussaient que des ajoncs, mais qui, à la saison propice, l'imagination aidant, développait aux regards un amas fantasmagorique de maisons d'or. Un connétable me fut nécessaire, je nommai le régisseur de mon grand-père, l'invincible et fidèle Eÿer, qui incarnait pour moi l'idéal du dévouement, de l'habileté et de la force. Aux époques reculées de sa jeunesse il avait, dit-on, soulevé une barrique de vin, et cette légende, entretenue et grossie dans un rayon d'une lieue, consacrait Eÿer notre Milon et notre Hercule. Il me représentait aussi le vigilant par excellence. Toujours levé avant le jour, quand je participais moi-même à cette vaillance, je l'apercevais, une lanterne à la main, faisant sa ronde le long de nos bâtiments lézardés. Le simple bonnet blanc des laboureurs couvrait sa tête, mais, à voir se profiler sur les murs son ombre agrandie, j'avais l'impression vivante d'un haut chevalier bardé de fer, casqué d'airain. Je courais à lui, il m'emportait dans ses bras ou sur ses épaules, me contant des histoires épiques, me dressant à la gloire des aventures, et je lui donnais mes ordres contre d'imaginaires ennemis. Il les écoutait gravement passant sa main gauche sur sa barbe noire, et faisant de sa main droite le serment d'exécuter mes décrets. Le jour venu, je ceignais mon petit sabre et je me précipitais dans les bois, emporté par le vent du triomphe et criant à mes adversaires, les arbustes et les genêts : « Comment songer à une résistance ? Je suis l'empereur Scinis, élève d'Eÿer le grand connétable, Eÿer m'accompagne, Eÿer est avec moi. » Suivait un effroyable massacre de branches innocentes parmi des hurlements victorieux. Parfois elles me fouettaient le visage, et c'était l'honneur conquis d'une blessure ; je la montrais fièrement à mon vieux général, qui m'acclamait et m'embrassait. Malheur aux êtres vivants, voire humains, que je rencontrais au cours de ma charge irrésistible. Les brebis étaient empoignées et roulées, et il était heureux que mon sabre n'eût point de tranchant. Je saisissais les hommes par les jambes, m'efforçant de les renverser. Eÿer accourait, arrachait le pauvre diable à

mes étreintes, en lui glissant à voix basse quelques
paroles, sans doute une légende explicative, puis
m'excitait tout haut à la clémence, à la grandeur
d'âme, au pardon des vaincus. Je lâchais prise, hautain dans ma miséricorde, et sautais sur le dos de mon
lieutenant qui voulait bien être aussi mon cheval.
« Ahi! ahi! m'écriais-je, enfonçons ces bruyères qui
nous barrent le chemin. » Un jour d'expédition, je
lançai à M. le curé, qui passait, une grosse imprope-
rie ; le pasteur des âmes eut le mauvais goût de s'en
formaliser et osa dire que je mériterais les orties et les
verges. Je proposai gravement à Eÿer de pendre
l'homme de Dieu à un arbre du chemin. Eÿer
approuva la condamnation, mais m'engagea à user de
mon droit de grâce, et je regardai filer le prêtre qui
riait jaune avec l'orgueilleuse pitié d'un Auguste pardonnant à un Cinna. Que d'exploits furent accomplis
par nous, que de victoires nous remportâmes, par
quels ravages nous répandîmes à cinq cents mètres à
la ronde la terreur de nos armes et l'apothéose de
notre nom !

LE MAITRE DE LA CAVALERIE

Au-dessous du connétable Eÿer et s'annonçant de bonne heure comme son rival jaloux, était le jeune Miry, préposé à la direction des chevaux, pas méchant homme, trop ami du vin, marié à un vampire femelle, l'astucieuse Venerette. Je ne portais point à Miry une sympathie bien démonstrative en raison de son hostilité sourde envers le chef de l'Armée impériale. Toutefois il est équitable d'observer qu'il n'avait aucune malice, et que tout le mal qu'il pouvait accomplir provenait des suggestions de son exécrable accouplée. Puis il possédait une attraction invincible : il présidait à l'écurie. Je l'avais donc nommé général, et j'assistais souvent à ses premiers travaux du jour, quand, dès l'aube, il éveillait du vacarme de ses gros sabots les chiens taciturnes et les murailles enténébrées. J'éprouvais une ironique jouissance qui me faisait rire aux larmes, quand, dans une langue indescriptible, faite de patois et de français soldatesque, Miry lançait à ses juments ses objurgations familières toujours terminées par cette injonction gutturale :

« Tarne-toi. » Il m'amenait chaque jour dans sa
chambrette où je regardais avec admiration des gra-
vures d'Épinal, représentant Napoléon III à Solfé-
rino, Victor-Emmanuel avec ses moustaches formidables, Garibaldi dans sa chemise rouge. Et des
instincts conquérants m'agrippaient ; je saisissais un
fouet en guise d'épée et je disais à Miry en lui montrant notre grosse percheronne : « Monte-moi sur
Manchette… que j'aille défendre le pape. » Car, en
ces temps de ma prime jeunesse, la question romaine
était populaire dans les plus humbles campagnes, en
raison des mandements de Monseigneur, lus et com-
mentés dans les paroisses. J'étais naturellement féal
de notre Saint-Père Pie IX. Miry penchait pour
Garibaldi, l'esprit infectieux propagé par des cou-
rants invisibles empoisonnait déjà l'âme du peuple.
Mais, en ma qualité d'empereur absolu, je n'admettais point la discussion, et je me jetai un jour
sur Miry, une bouteille d'eau de cuivre à la main,
précurseur des vitrioleuses. Le maître de la cavalerie
fit amende honorable au Vatican. C'était Miry qui
conduisait la voiture, lourdement, pesamment, voûté
et arc-bouté sur son siège, tenant ses rênes à pleins
poings et sciant la bouche des chevaux. Malgré tout,
je l'appréciais en cette fonction, car on descendait à
toute vitesse la côte du *ravin* et l'on enfilait avec une
précipitation vertigineuse le tournant du *lac*, tandis
que le vent s'engouffrait dans la blouse de l'homme et
la faisait flotter comme un énorme ballon bleu. Je
bondissais à ses côtés, et par mes cris, mes gestes,

mes trépignements, je croyais accélérer encore notre course. Il y avait deux sortes de causeries avec ce domestique, quand il arborait le sceptre de phaéton : s'il était dans son bon sens, il entamait des discussions astronomiques sur la hauteur de la voûte céleste, qu'il n'estimait pas devoir dépasser une lieue ; sur les étoiles, auxquelles il attribuait la grosseur d'une tête d'épingle ; sur le soleil, auquel il voulait bien accorder la dimension d'une barrique. Un jour je lui parlai du mouvement de la terre en savant élève de *Mademoiselle*, il me regarda avec des yeux de pitié, haussant les épaules, raillant les livres. Lorsqu'il s'était abandonné à sa prédilection pour le jus de la treille, circonstance normale chez Miry, s'échappaient des protestations de dévouement et d'amour, des ambitions de martyre. Il avait le vin abnégatif et lacrymatoire. Au paroxysme de sa griserie, il nous adorait à en pleurer.

SALVATOR

Dès six ans, une année avant mon accession au trône, il me fut donné d'entrevoir la face grimaçante de la mort, et l'aile noire de la *Camarde* s'étendit un instant sur mon front. Je raffolais déjà des chevaux, et la fièvre des galops hantait ma jeune âme et mes petits muscles. Par une après-midi très sombre, je dis à Francille : «Selle-moi *Roquille.*» Craignant pour moi les écarts et les violences de cette dangereuse bête, la vieille servante refusa avec des signes de croix. A force d'instances, je décidai une fille de peine appelée Mÿon qui me rendit en maugréant le service demandé, et je fus bientôt en selle lancé au grand trot dans la cour immense. Au bout de quelques minutes, Roquille fut prise d'une nostalgie de mangeoire et me ramena vers l'écurie, qui se trouva close. Mÿon au lieu d'ouvrir me cria : « Vous avez voulu monter, Moussu, restez où vous êtes. » Ne pouvant entrer, la jument fit un bond peu rassurant, puis, tournant tête sur queue, se rua au triple galop vers le portail. Peu à peu toutes les personnes de la maison étaient accourues pour assister à ma première sortie de cavalier. Le vieux Jacquetou, employé de basses œuvres, eut l'intuition du péril et se trouvant auprès du portail le ferma. Ne pouvant se précipiter dans la campagne, Roquille commença, à travers la cour, une effroyable sarabande de sauts de mouton, de ruades, de cabrements, de steeples furibonds entremêlés de hennissements, et du fracas des quatre sabots ferrés s'abattant à tout instant sur la terre fouillée, sur les cailloux gerbés d'étincelles. Mon père était absent, Eÿer et Miry de même ; mes sœurs, ma mère et les servantes, massées devant le perron levaient les bras au ciel. Jacquetou épouvanté, et craignant d'être foulé aux pieds par Roquille, s'était réfugié dans une étable. Ma mère me criait : « Tiens bon ! n'aie pas peur ! Courage ! » J'avais lâché rênes et étriers, et, courbé sur le garrot du cheval, je me cramponnais puissamment à sa crinière. Sans mouvement et sans parole, préoccupé avant tout de mes pensées ordinaires de fierté et d'orgueil, je songeais à ne point manifester de crainte et à mourir, si tel était le sort, dans la muette immobilité d'un impavide qu'une force inéluctable écraserait. A un instant ma mère échappa un cri, le petit bonnet grec dont j'étais coiffé venait de tomber à terre, entraîné par le courant d'air qui fouettait ma tête tourbillonnante. Pendant dix minutes tournoya le cyclone du cavalier minuscule, bousculé et ballotté par la bête affolée. Ma mère, désespérée, joignait les mains. J'attendais l'issue fatale avec un battement d'artères que comprimait ma volonté convulsive de tomber sans peur et sans reproche. Tout à coup une poterne de la cour s'entre-bâilla, livrant passage au bouvier Promis qui revenait des champs. Promis arrivait encore après Miry dans la hiérarchie des serviteurs : c'était un gros barbu, pataud et brutal, mais bon homme. Il s'élança en quelques bonds à la tête de Roquille épuisée d'efforts, la saisit par la bride et la contint. Je sautai à terre, et, sans songer à Promis, criai très haut, prenant à témoin Dieu et les hommes : « N'est-ce pas que j'ai été brave? » Mais ma sœur Louisette courait les bras ouverts au domestique rédempteur, haletante d'émotion, mouillée de larmes et brandissant un petit sou dans sa main droite : « Tiens, Promis, tiens, dit-elle avec une exubérante joie, voilà toute ma fortune, puisque tu as sauvé mon frère! »

LE NOIR ET LE ROUGE

I

Le *Noir*, c'était le brigadier qui venait de temps à autre faire viser sa feuille par mon père. Il arrivait au trot retentissant d'une bête énorme, toujours obscur des pieds à la tête, enveloppé de son pesant manteau, coiffé de son tricorne que recouvrait une gaine sombre et reluisante. Il y avait deux reflets d'acier poli, éclairs lugubres : ses éperons et l'extrémité du fourreau qui dépassait les pans de la capote et battait le ventre du cheval. Sous ce harnachement humain, pas une manifestation de pensée ni d'âme, les grands gestes tragiques d'une inconsciente machine qui obéit, paisiblement brutale. L'attrait pour mes yeux était la force indiscutée de ce mutisme, tout cet appareil, tout ce fracas de sabots équestres, de bottes et de sabre cliquetants, d'où ne sortait jamais une parole. J'étais à cette époque simple capitaine de brigands, et je sentais un ennemi dans le ténébreux exécuteur de la loi. Le mystère de son allure me fit souvent hésiter

devant ce dilemme : gendarme ou chef de voleurs?
Au moment où j'apercevais le brigadier, son profil me
séduisait, mais j'étais glacé par le perpétuel silence de
cette bouche que les moustaches ensépulcraient. Je
préférais le bandit gravé dans mon journal d'images,
assis en une caverne au milieu de ses pairs, éclairé de
torches, mesurant des sacs d'or. L'autre pourtant
m'inquiétait. Il eût pu m'emporter suspendu à son
arçon. Et je me figurais l'angoisse éprouvée, le désespoir ressenti, à être entraîné comme une chose inerte
au lourd galop du grand cheval, sous les yeux fixes du
grand taciturne.

II

Le *Rouge*, c'était Bya le boucher, dont la mission
était l'égorgement des porcs. Je m'imaginais ainsi les
matins de guillotinade, depuis contemplés, funèbre-
ment. Dès le petit jour, dans la basse-cour, des bruits
sinistres, des va-et-vient d'hommes aux bras nus, sous
l'œil fauve d'une lanterne. Je me rejetais d'abord
sous mes draps, mais la curiosité perverse dominait
bientôt l'instinctive horreur. Je me glissais à pas de
loup dans les corridors sombres, honteux de mon
désir sanglant, brûlé par l'appétit de regarder, transi
par la terreur de voir : ce vertige qui vous pousse tremblant vers un abîme. Le massacre avait lieu dans un
passage entre deux granges, un tonneau bas y était
renversé soutenant une large planche ; au-dessous une

terrine profonde. Avidement, je me ruais aux grogne-
ments de la victime empoignée par trois aides. Tandis qu'on la couchait sur l'échafaud, Bÿa le bourreau,
avec la gravité lente d'un sacrifiant, aiguisait sur une
pierre noire un formidable couteau. Puis, de son pouce
gauche il parcourait le cou révulsé du pourceau, cherchant à tâtons l'artère propice. Il appliquait soudain
la pointe aiguë, contractait son poing, plongeait le
fer sans hâte, et, parmi les râles de la bête et la chaude
fumée du sang, fouillait lentement la gorge ouverte.
Alors, mes yeux s'injectaient, ma poitrine devenait
haletante ; j'exécrais et j'admirais tout ensemble ce
tueur impassible, qui par l'enfoncement de cette lame
abreuvait la terre d'une onde écarlate, et faisait descendre dans la pénombre le fantôme de la mort. Je
me rappelais les récits d'exécutions lus dans les histoires, je me figurais l'agonie d'un être pensant, sous
le coutelas ; un jour même, sous l'aiguillon du virus
bestial que nous couvons tous, je dis au connétable,
qui en frissonna : « Eÿer, quand verrons-nous saigner
un homme ? »

DEUX STÉRILES

Un couple stérile, Louis et Annette, fut de toute antiquité au service de la terrible tante dont les yeux menaçants viennent encore troubler mes rêves. Très différents l'un de l'autre dans leur dévouement absolu à leur maîtresse, les défauts de la femme s'adaptaient harmoniquement aux qualités de l'homme, comme une ombre violente se marie aux clartés d'une habile peinture. Annette était bavarde et atrabilaire, elle connaissait les replis intimes de toutes les existences du pays, et toujours par leurs mauvais côtés, qu'elle décrivait avec une amertume complaisante, faisant songer à un portraitiste dont le pinceau serait une griffe. Sevrée d'amour maternel, elle répandait le peu de tendresse qu'elle avait dans l'âme sur un septuor de chats affublés des plus caressantes dénominations : Midou, Minetou, Mimi, Ricli, Grumi, Negrou, Filipini, Pitica. Ces messieurs étaient dorlotés comme des bébés, buvaient chaque matin leur café au lait bien crémeux et bien sucré, avaient la primeur de tous les mets et pouvaient s'étirer, de l'aube au soir,

sur tous les meubles de la cuisine en leur oisiveté ron-
ronnante. Pendant la semaine sainte, on entamait pour
eux un pot de confit. Pour eux seuls Annette avait
des sourires. Très fidèle à sa suzeraine, elle ne cessait de la critiquer et de la quereller, et c'était un singulier spectacle que ces perpétuelles collisions entre
ces deux femmes qui ne pouvaient se passer l'une de
l'autre. Annette était une cuisinière émérite à la mode
d'autrefois ; ses bouillons, ses sauces, ses jus, possé-
daient une introuvable succulence, due sans doute à
la parfaite qualité des condiments et à la minutie des
soins attentifs, plus à une inconsciente magie de doigté
et de manipulation, que personne n'imita jamais et
qu'elle était impuissante à expliquer. Pour formuler
sur Annette un jugement favorable, ne la voyez point
et gardez-vous de l'entendre : savourez un potage ou
un ragoût de sa façon.

Louis, son époux honoraire, était la plus adéquate
figuration de la bonté, de la patience, de l'activité
peu intelligente mais indéfectible. Si par l'ensemble
de ses vigueurs il ne rappelait pas le coq, il surpas-
sait en vigilance matinale le bruyant chanteclair. Il
n'était pas rare qu'il fût sur pied à trois heures du
matin, même en hiver. Il s'agenouillait dévotement
devant une image peu esthétique de la Vierge, puis,
tenant une lanterne du modèle le plus ancien, allait
tout d'abord allumer le feu de la cuisine au moyen
des braises enterrées sous la cendre la veille au soir.
Les voyageurs et vagabonds qui passaient sur la
route, à cent mètres de la maison, voyaient toujours

longtemps avant l'aurore la lucarne située au-dessus
de l'évier s'illuminer doucement, pareille à l'étoile du
matin à demi noyée dans le brouillard. Louis se ren-
dait ensuite à l'écurie et à la grange, où il travaillait
jusqu'au jour. Survenaient les labeurs du jardin, où
il demeurait assidûment courbé jusqu'au son de la
corne annonçant le déjeuner. Ce repas se composait
de pain dur, de soupe massive et de piquette. A cette
alimentation frugale, Annette préférait le café au lait
qu'elle partageait avec sa nichée féline. Du déjeuner
au *marende* (collation) et du marende au souper,
Louis ne désertait pas une minute ses tâches innu-
mérables, car il était à la fois homme d'affaires, garde,
bouvier, cocher, palefrenier, jardinier, vigneron. Je
n'ai vu chez personne un tel assujettissement à l'in-
cessante fatigue qui lui déprimait la tête et lui voûtait
le dos. Avec cela, une physionomie constamment ouverte, bienveillante, éclairée de ce sourire perpétuel
et vague, qui monte des cœurs soumis sans effort,
acceptant le joug sans amertume.

LES LIEUTENANTS

Les métayers qui cultivaient nos pauvres domaines, qui gouvernaient les provinces de mon empire, avaient tous été créés par moi généraux ou maréchaux, suivant l'élévation respective de leurs mérites, que je mesurais, en bon prince de Machiavel, à leur condescendance pour moi, à leurs flatteries envers mon auguste personne. Le général Barat était une probité de vieille souche, s'offensant d'une ombre de soupçon, et que je me rappelle avoir vu pleurer à chaudes larmes, l'ayant accusé, sans autre raison qu'une étrange lubie, du dérobement d'un louis d'or. Le maréchal Évariste était l'homme des prévenances empressées, des serments de fidélité après boire, des interminables poignées de main, tout cela cachant une roublardise profonde qui le faisait roi des marchés aux bestiaux. Très expansif, il aimait fort à terminer une affaire par la rupture du pain fraternel appelé *vinage* dans notre pays. Le maître paye en partie, en totalité peut-être, les frais de ces agapes. Évariste sortait toujours de là fort convenablement lesté, mais rempli d'in-

dignation contre les aubergistes, qui, disait-il à mon
père, lui avaient demandé cinq et six francs « pour deux
ou trois feuilles de salade ». Pierrille, surnommé très
improprement le Dur, qui était pour moi le maréchal
d'Urpieri, prince de Tivolette, réunissait, lui, toutes
les qualités dociles et sentimentales qui constituent le
paysan idéal, phénomène si rare et si précieux parmi
la canaillerie campagnarde presque aussi odieuse que
la fripouillerie agglomérée. Chez Pierrille, le respect
ne provenait pas des lâchetés d'âme et de l'obsé-
quieux désir de plaire : en son esprit honnête et simple, plus rectiligne que les sillons qu'il traçait, cet
ancien soldat avait compris la nécessité des hiérar-
chies, il s'inclinait devant elles sans fiel et sans contrainte, comme devant Dieu lui-même, qu'elles doivent socialement représenter. Le général Pinorio
m'avait toujours paru faux bonhomme avec son rictus
sempiternellement épanoui, accompagné de petits hochements de tête et de clignotements de paupières.
Puis il avait la réputation d'avoir à la ville des accoin-
tances avec un immeuble compromettant, ouvrant la
voie plusieurs lustres d'avance aux secrétaires de l'Ély-
sée national. Le général Luguet était le prototype et
le parangon des avaricieux pittoresques. Il parlait de
l'*impeccabilité* des charrettes, de la *pudeur* des bois de
chauffage, de la *rigueur* des instruments tranchants.
Quand mon père s'irritait contre lui, ce qui était fré-
quent, Luguet lui répondait avec calme, et, en ôtant
son bonnet de coton : « Ah çà ! notre monsieur ! je
n'entends pas être *aboyé* de la façon. » Cet harpagon

du colonage vivait de pain noir moisi, de soupe avariée, de marrons pourris. Il disait, en parlant de ses
porcs plus délicats que lui sur l'article *châtaignes :*
« Eux les laissent, nous les mangeons. » Après le
mesurage du blé, en pleine nuit, il parcourait l'aire,
un falot à la main, et mettait une heure à recueillir
une douzaine de grains, avec cette exclamation à tout
instant renouvelée : « Eh! ces grains! »

Le maréchal Jardinier était le plus sympathique de
tous avec son rire bruyamment jovial, sans réticences,
sans arrière-pensée, et le frottement de ses deux
grosses mains, dont l'une était amputée de l'index.
Ce fut, dit-on, sa promise, un instant délaissée, qui
le rappela à ses serments par cette *inscription de faux.*
Il unissait le bon cœur, la finesse et l'activité à une
foi touchante et enfantine. Je l'ai vu, à un instant
où il se croyait seul, un peu avant le lever du soleil,
s'agenouiller auprès de sa charrue, et s'incliner humblement sur la terre, tandis que l'aube dorait ses cheveux.

LES AVEUGLES

D'énormes amoncellements de maïs étaient nécessaires aux légions de volatiles qui peuplaient notre
poulailler. D'un bout à l'autre de l'année, Francille distribuait à ses pupilles ailés une véritable montagne de
ce blé jaune auquel nos volailles doivent l'incomparable succulence de leur chair. Or, toute machine agricole nous étant étrangère, le dépouillement des cônes
d'or était confié à la seule vaillance de deux aveugles,
Jean et Léonard, qui, assis au grenier pendant des
journées interminables, raclaient les épis contre un
vieux débris de ferraille et faisaient tomber les grains
trois à trois, quatre à quatre, à raison de quelques
poignées par heure. Les aveugles arrivaient au lever
du soleil; ils habitaient à une demi-lieue, parmi les
bois, et, quand les premiers rayons du jour effleuraient
la cime des arbres, on pouvait les voir se mouvant
hors de leur masure avec une lenteur sûre et toujours
égale, prenant l'étroit sentier qui conduisait au chemin, et serpentant l'un derrière l'autre, sans hâte, sans
hésitation, sans erreur de pas. Du fond de la cour, je

les contemplais quand ils avaient tourné dans la route, et il leur fallait longtemps pour arriver du bout de l'allée au portail. Leurs silhouettes, côte à côte placées, grandissaient peu à peu, et bientôt, dans le calme des premières heures, on percevait la résonnance de leurs pas monotones, apportée par la brise du matin. Ils n'étaient pas tristes, ces deux grands visages aux prunelles éteintes ; résignés à la nuit, ils avaient parfois d'intérieures illuminations transparues aux plissements de leurs lèvres. Sans suspendre leur marche, ils s'acheminaient vers leur tâche, et l'on ne tardait guère à entendre le grincement bref des épis agrippés au tranchant d'une lame émoussée, et laissant aux pieds des aveugles tomber sans bruit leurs globules vermeils. Mais voici que montait le soleil, pénétrant dans la longue mansarde par toutes les fentes des tentures désunies. Et les oiseaux entraient par les lucarnes, mêlant leur allégresse aux rayons de l'astre et chantant une symphonie claire à l'oreille des enténébrés. Et ces faces, d'ordinaire immobiles, s'animaient à cet hymne de vie joyeuse, et même leurs paupières vibraient, saluant d'instinct et de désir vague la splendeur du jour inconnu. Et les gorges s'agitaient, les mains s'accéléraient, les épis nus s'entassaient, leur cri au contact du fer augmentait de stridence, et, dans l'afflux ascendant de la lumière éclaireuse du travail universel, l'humble effort de ces Perdus s'harmonisait, inconscient, à la haletée du labeur humain. La fréquence des mouvements accrue jusqu'à l'apogée du soleil déclinait à l'approche des heures occidentales, et les bras tom-

baient lassés quand le crépuscule succédait au jour.
Après le repas du soir, Jean et Léonard étaient requis pour la prière ; Léonard, humblement prosterné, remerciait la bonté divine ; Jean, quelque peu incrédule, avait parfois des hochements amers. Puis ils s'éloignaient du même pas qu'ils étaient venus, échangeant des monosyllabes mystérieux ; leur profil et le bruit de leur marche s'effaçaient peu à peu dans l'éloignement du chemin, ils retrouvaient leur petit sentier, et, jusqu'à l'aube prochaine, le doux repos de leur chaumière. Jean a disparu le premier. Léonard a longtemps continué seul le pèlerinage des combles solitaires. Sans manifester de tristesse, le vieillard impénétrable devait songer perpétuellement à son compagnon, comme une veuve à son époux. On dit qu'il sourit à l'entrée de la mort dans sa cabane, et tendit ses mains à la glaciale visiteuse, comme à un guide surnaturel, qui par des sentiers ignorés encore devait le conduire aux greniers bleus où dort la moisson des étoiles.

JOUVENCELLES

Courbées toute la semaine au défrichement des terres argileuses, les pieds et les bras nus, la poitrine ouverte, elles s'embellissaient les dimanches par des indiennes claires et des laines voyantes, par de troublantes odeurs empruntées aux fleurs du pays, à la verveine, à la menthe, au basilic. Ainsi parées, ainsi embaumées, elles gravissaient les coteaux abrupts parmi les verdures, en petits groupes inégaux, désordonnés et folâtres, sous l'éblouissement des beaux étés de mon enfance, dont l'éclat s'est effacé dans les oublis du ciel. Leur allure, quoique lourde, était vive et mouvementée. Des conversations rapides s'échangeaient; tantôt à demi-voix, suivies de longs rires éperdus, tantôt en cris retentissants qui éveillaient les échos et réjouissaient les arbres penchés. Arrivées aux buissons couverts de mûres, celles qui ne devaient pas communier mordaient aux baies sauvages malgré les défenses maternelles, et le sang violet du fruit déchiré teignait le clair ivoire de leurs dents. Car, si elles étaient privées des charmes délicats, si leurs cheveux noirs

étaient sans finesse, leurs traits sans nuances, leurs yeux
sans rêverie, presque toutes avaient l'affolant trésor des
dents superbes, dont la blancheur, éclatant parmi les
gencives pourprées, effaçait l'imperfection des linéaments et attirait les lèvres comme des fontaines d'a-
mour. Plus la fillette était d'humble origine, plus était
captivant le mystère de cette bouche, qui rayonnait
ainsi qu'une fraîche aubépine élancée du cœur des
buissons. Que de fois, dans la naïveté d'une instinctive
passion, la convoitise de mes baisers s'est envolée à ces
colliers de perles, semés au hasard par l'ironique destinée à travers les misères et les dénûments ! A mesure
qu'elles approchaient de l'église, les jouvencelles devenaient plus graves, les gestes s'apaisaient, les mains
se croisaient, des rougeurs s'étendaient sur les visages
par-dessus les sourires comprimés. Elles franchissaient
avec componction la porte du temple, figuraient de
larges signes de croix, et s'agenouillaient au souffle du
pieux respect engendré par la foi des campagnes. Les
livres de prières étaient en petit nombre, presque
toutes avaient de gros chapelets qu'elles égrenaient les
yeux demi-clos, tandis que Merissou, le sacristain oc-
togénaire, bredouillait et chevrotait un *Asperges* na-
sillard. Puis des cantiques étaient chantés par ces
jeunes voix, souvent harmonieuses, mais foncièrement
imprégnées de l'accent natal :

> Reine de l'espérance,
> Dont le *nonne* est si doux,
> Protégez notre France.

Les exhortations du pasteur étaient respectueusement écoutées. Puis, au tintement du *Sanctus*, beaucoup de têtes s'enveloppaient de leurs voiles pour la communion qui approchait. Au retour de la sainte table, c'étaient de longues méditations, le buste droit et la face courbée. Après le dernier évangile et le quart d'heure d'actions de grâces, elles se retiraient à pas lents, empreintes encore d'émotions divines. Puis elles étaient reprises par le grand air et le beau soleil; insensiblement les figures s'égayaient, les groupes se reformaient, on recommençait les chuchotements. Quand le cimetière était dépassé et que les bois ouvraient leur ombre propice, la gaieté du matin ressuscitait dans la gloire du jour; de jeunes garçons étaient croisés aux détours des chemins creux et de douces confidences échangées d'un sexe à l'autre. Et, simples dans leurs inclinations comme dans leurs croyances, les filles du vallon câlinaient leurs « bons amis » après avoir adoré le bon Dieu.

VICTIMES HUMAINES

Ma première ennemie fut Maria, ma deuxième
bonne. Non qu'elle eût de la malice, mais elle était
affligée d'une taille si ridiculement exiguë que je
m'écriai à son aspect, dans ma fierté indignée : « Jamais je n'obéirai à cette petite femme ! » Joignez à
son peu d'élévation qu'elle était laide monstrueuse-
ment; sa tête pouvait se comparer à un potiron
sculpté en crâne par une main novice. Nous avions
de fréquentes collisions; quand je voyais que sa force
allait prépondérer, je me couchais à terre et jouais
de mes deux jambes en guise de béliers propulseurs,
cognant comme un sourd n'importe où ; d'autres fois,
je m'emparais de pelles, de pincettes, de chaudrons,
je conspuais Maria sans métaphore. Je ressentais, en
vérité, une intolérable humiliation à être tenu en laisse
par ce pygmée ancillaire, et mes rages étaient celles
d'un lion qu'exaspèrent les piqûres d'une mouche.

Je possédai un certain nombre de souffre-douleur :
Latour, marchand de laine, bossu, que j'enfermai
toute une journée dans un galetas pour châtier sa

gibbosité, ayant bien soin de jeter la clef dans un tel endroit, que seul Jacquetou, l'homme des basses œuvres, pût se livrer à sa recherche difficile ; M. Truffier, l'accordeur de pianos, dont le nom tuberculaire produisait chez moi des rires inextinguibles. Je le criblais d'épigrammes salées, poivrées, pimentées, jusqu'à lui dire en plein souper : « Monsieur, j'espère que nous trouverons des truffes, demain matin, dans votre... » Ici le mot propre ou sale, si l'on veut, sans périphrase ni réticence. L'excellent homme ne se fâchait point et se bornait à critiquer mon éducation. Je molestais volontiers un vieux prêtre dont une araignée tourmentait les méninges, le pauvre abbé Brou, *minime habens*. Je le décidais sans peine à s'accroupir et à faire le chien. Un jour, pendant l'exécution de cette mimique, je lui jetai sur le dos un lambeau d'étoffe rouge, en lui disant : « Tiens, Brou, sois tout de suite cardinal ; je crains que tu ne deviennes jamais évêque ! »

J'avais un cordonnier nommé Mahieu, aussi lourd de langage que de formes ; il résumait à lui seul le charabias combiné de trois Auvergnats, « de l'ouchtro couta de la montagno ». En plein visage je lui parlais son baragouin, et, craignant qu'il ne saisît point mon intention, j'ajoutais invariablement en bon français : « Je contrefais Mahieu. » Et le pauvre diable de répondre avec un bon sourire : *Eh ! pardieu, Muchieu, je le vois bicigne.*

Que dire d'un vieux Juif errant nommé Lambert, qui mendia quatre-vingts années durant sur les quatre-vingt-treize ou quatorze qu'il exista, s'affalant dans toutes les églises, et promettant des rosaires à tort et à travers pour capter la bienveillance des gens dévots ? Aidé de Louisette et d'Alix, je l'affublais de toutes les guenilles exhumées des vieilles malles et des encognures ténébreuses, et je le promenais à travers la maison au chant des hymnes parodiées et des cantiques joyeusement modifiés En tout cela je n'étais point excité par une idée méchante, mais par un esprit satirique éminemment porté à saisir et à flageller le ridicule apparent ou réel des situations et des hommes.

Un adversaire plus sérieux, que j'eusse immolé en pleine tranquillité d'âme, fut le frère d'un métayer de ma tante, appelé Beau. Un jour de *blé fin*, comme je piétinais les semences, ce colon, croyant m'intimider, parla de me jeter dans le puits. Je dis très paisiblement au connétable Eÿer : « Je tuerai le frère de Beau. » Et à quelques semaines de là, l'ayant aperçu dans notre allée, je pris mon képi, mes épaulettes, ma croix d'honneur, un couteau de cuisine, et m'élançai sur lui. Le connétable s'interposa, me suppliant de faire grâce, et sommant le criminel de lèse-majesté d'avoir à me demander pardon ; l'homme se confondit en excuses, et je lui accordai la vie.

PEUR ET COURAGE

J'étais tout à la fois le plus intrépide et le plus impressionnable des enfants ; les dangers réels ne me soucièrent en aucun temps, mais la terreur de l'invisible me hanta toujours avec une puissance insurmontable.

Sans hésiter j'admettais la lutte avec toute force matérielle, mais j'étais glacé jusqu'au plus profond de mon âme quand je songeais aux revenants et aux fantômes. Aux temps les plus reculés où puisse plonger mon souvenir, il y avait chez nous un gros bœuf, à l'œil injecté, aux cornes menaçantes, se précipitant à tout propos sur les hommes comme sur les femmes, et que deux bouviers maîtrisaient à peine à coups redoublés d'aiguillon. La méchanceté de ce ruminant était célèbre, et on ne cessait d'en parler comme d'un épouvantail. Du plus loin qu'on l'apercevait dans la cour, au pré, le long des chemins, on tournait les talons instinctivement et l'on opérait sa retraite dans le plus mauvais désordre. La bête chargeait, faisait voler la terre, ébranlant le sol sous la pesanteur de ses bonds. Un jour, des fenêtres du salon, j'entrevis le bœuf hautain et farouche entre les piles du portail. J'enjambai l'appui de la fenêtre et marchai tranquillement vers l'animal. Immobile, il me regardait venir sans bâton, la tête haute, les mains pendantes; je fis le tour de sa masse énorme, je passai sous son ventre, je mis la main sur son museau. Il daigna ne point se choquer de toutes ces familiarités, jugeant l'adversaire bien hardi, s'étonnant sans doute de tant d'audace. Au lieu de rentrer à l'étable comme il le voulait, il retourna au pré, m'abandonnant la place avec un mouvement de tête qui semblait dire : « Il ne ferait peut-être pas bon livrer bataille à ce petit homme. »

Mais, après cet héroïsme, on m'eût vainement engagé à pénétrer dans une chambre noire ; je ne pouvais me faire à cette idée : la solitude dans la nuit. Les ténèbres se peuplaient pour moi de spectres aux formes effrayantes, aux longs doigts osseux, aux yeux vitrés et fixes, fouillant la profondeur des miens. Les craquements des meubles et des planchers, les bruits vagues dans les greniers, derrière les portes, parmi les rideaux, étaient produits par la marche de ces êtres fluidiques ou la crispation de leurs mains froides. De fait, notre chère et vieille maison de la Sudrie, si poétique à l'aurore, si lumineuse à la clarté des midis, s'enveloppait au crépuscule d'un voile mélancolique, et revêtait à la nuit close un masque formidable d'angoisse et de terreur. Nos morts ensevelis dans la chapelle, dont la lampe vacillante s'apercevait

de tous côtés, les contes frissonnants des vieilles servantes, les funèbres avertissements de la prière du
soir, les histoires spirites partout répétées à cette époque, les mouvements inexpliqués, les sonorités inat-
tendues que l'on perçoit aux heures obscures, tout ce
mélange de rêves suggestifs et de réalités insondables
obsédait mon âme et l'opprimait comme une chape
de plomb. J'eusse couru, sans clair de lune, les bois
et les chemins, ne risquant que les voleurs et les
loups, mais aucune considération n'eût été capable de
m'envoyer sans lumière dans un appartement aux volets fermés. Si la pensée d'un bandit ne m'effrayait pas
plus que celle d'un animal féroce, toute valeur m'a-
bandonnait quand je m'imaginais des êtres mystérieux
pouvant, sans organes tangibles, ricaner et grincer des
dents. « On tue, me disais-je, un brigand ou un chien
enragé, mais que devenir si une forme impalpable
vous saisit tout à coup et vous entraîne sous la terre,
et vous couche parmi les cercueils ? »

FIDÈLES

O mes gentils camarades, mes sujets préférés, vous méritez une place d'honneur en ces pages de souvenirs. Très haut dans mes affections j'ai toujours placé mes pauvres chiens, bons, patients, tendres, pleins de caresses : d'abord Eva Ire, la Débonnaire, initiale d'une dynastie de fidèles compagnes. Elle était noire et blanche, toute basse, empressée et craintive. Quand mourut la femme du connétable Eÿer, Éva Ire se coucha sur sa tombe et ne revint plus à la maison. Je dois mentionner Hélène, la plus humble des soumises ; César, qui eut une fin tragique ; Bismarck, mangeur de poules pour son malheur ; Moka, qui eut pour moi le plus incroyable attachement. Il ne pouvait rester éloigné de ma personne, s'installait à ma droite pendant les repas et se faufilait dans ma chambre à coucher. Quand je partais pour le collège, il poursuivait longtemps la voiture, comprenant la durée de mon éloignement. On le pendit comme inutile, et je vengeai sa mort par de bien terribles représailles. Vint ensuite Diane, le modèle des épouses et des mères, tellement disposée à la bonté que, pendant les sommeils prolongés de sa vieillesse, elle donnait sa patte aux chenets de la cuisine. Elle eut une fille, Éva II, la Hutine, mignonne et sautillante, que la main d'un fermier brutal faucha dans son printemps. Sa deuxième sœur cadette, Éva III la Grande ou la Balafrée, grande pour sa longue carrière glorieuse, balafrée à la suite d'une gaucherie de Miry, fut la plus célèbre et la plus aimée. Elle avait pour moi une dilection humaine, un regard d'être pensant. Son obéissance l'avait dressée à tous les exercices de clownerie imaginables : elle franchissait les chaises, montait et descendait les échelles, se promenait sur les entablements de la maison, à dix mètres au-dessus du sol; elle me prenait par le cou en croisant ses deux pattes, comme une femme m'eût embrassé. Quand j'arrivais en vacances, elle me prévoyait à une demi-lieue, se précipitait comme une avalanche à l'avance de la voiture, et subitement, avant que le cheval s'arrêtât, bondissait sur mes genoux et m'enlaçait en m'étourdissant de cris joyeux. Quand Louis et Annette eurent perdu leur maîtresse, on leur donna Éva III pour leur tenir compagnie, et elle poussa la complaisance jusqu'à servir de matelas à la cohorte féline dont la revêche intendante s'environnait. On la tua un jour comme enragée, sort commun et inévitable des plus méritants de ces pauvres êtres. Elle adorait Louis, chargé de l'exécuter; elle le suivit docilement au poteau fatal. En tombant elle exhala une seule plainte, semblant demander quel était son crime par l'interrogation de ses yeux mourants. Louis pleure encore lorsqu'il raconte cette fusillade, accomplie au petit jour.

Aucun de mes chiens ne fut propice à la chasse ; au point de vue de la garde, on les prétendait médiocres. Chasseur et aboyeur! qualités vulgaires! Ils avaient bien mieux que ces vertus banales. C'étaient des amis rivés à mes pas de l'aube au soir; la douce flatterie de leur langue était mon premier « bonjour », ma dernière « bonne nuit ». Comme les chevaux d'Hippolyte, ils se conformaient à toutes mes pensées, alertes en mes jours de gaieté, mélancoliques à mes heures de tristesse. Lorsque j'ai donné à quelqu'un de mes semblables la foi de mon cœur et l'étreinte de ma fidélité, il m'est toujours arrivé, en mon désir d'afflux réciproque, d'élever cette prière vers le Seigneur : « Mon Dieu, si c'est un effet de votre divine miséricorde, faites qu'il emprunte son âme à l'un de mes chiens disparus! »

MASSACRES DE SEPTEMBRE

Septembre, temps classique des vacances, était l'époque où je donnais le plus libre cours à mes expéditions, à mes guerres et aussi, je l'avoue, à mes *entraînements typhoniens*, comme dirait un mage, à cet élan de ma nature enfantine qui parfois me poussait irrésistiblement, en dépit de ma raison et de mes instincts généreux, à des actes de pure méchanceté. J'en demande pardon à feu mon maître Baudelaire, et à mon vivant Adolphe Peladan, j'ai toujours eu pour la race féline, d'eux protégée et vantée, une haine spontanée, mortelle, *c'est le cas de le dire* ; je ne sais vraiment si l'absolution pourra m'être donnée, car, en droite franchise, je dois confesser le meurtre de plusieurs douzaines de chats. Je détestais ces bêtes par opposition de tempérament, par affection pour les chiens ; j'ai fait pour venger *Moka* et *Bismarck*, notables amis pendus ou noyés par déterminisme économique, des hécatombes de ces tigres minuscules qui cachent sous le velours de leurs pattes la déchirante acuité de leurs griffes. Quand j'avais huit à dix ans, je mettais une grande

solennité à l'exécution de mes arrêts. J'opérais la prise
de corps avec toutes sortes d'égards et de ménage-
ments. Ayant lu l'histoire d'Espagne, je plaçais le
condamné en chapelle vingt-quatre heures avant le
supplice. Ma chapelle était une étable abandonnée
très éloignée des lieux habités et où le prisonnier
pouvait miauler tout à son aise, sans éveiller l'attention de mes parents, protecteurs avoués de mes vic-
times. Le lendemain de l'incarcération, et de fort bon
matin, je ligotais du mieux que je pouvais, non sans
éprouver mainte égratignure, le captif généralement
exaspéré. Mais je mettais beaucoup d'onction dans
mes mouvements et agissais avec une entière douceur.
Je faisais au petit Cartouche l'honneur d'une brouette
à l'aide de laquelle, par de nombreux détours savam-
ment imaginés, je le transférais au grand kiosque central du bosquet. Ici, me rappelant cette fois l'histoire
d'Angleterre, j'avais disposé une plate-forme engagée
entre deux montants de bois, et dont la moindre pression suffisait à occasionner la chute. Sur cet échafaud
je déposais mon chat bien ficelé, après avoir eu la
précaution préalable de lui passer autour du cou, très
délicatement, le nœud coulant d'une corde fine,
accrochée au pinacle intérieur de la cabane. Solennel
et grave, je montais sur un banc et lisais à haute voix
la sentence de mort, écrite une fois pour toutes sur
un large papier portant cinq cachets rouges. Après
cette formalité, j'appuyais l'extrémité de ma canne sur
la plate-forme, qui s'abattait, et le criminel, tombant
d'une hauteur de trois pieds, éprouvait une seule con-

vulsion et oscillait inerte dans le vide. Je déliais le
cadavre avec toutes les précautions respectueuses dues à
un corps défunt, et l'ensevelissais au pied d'un buis qui
a toujours prospéré sous l'influence d'un tel humus. Je
poussais la condescendance jusqu'à imposer des pierres
funèbres. Je me chargeais de l'inscription mortuaire,
que je daignais versifier... Des vers!... plus atroces
que l'action commise et que je dois citer, me trouvant
en veine de confession, pour humilier les premiers
vagissements de ma muse. Le texte ordinaire était
celui-ci :

> Ravi dès le berceau
> A sa mère chérie,
> Il dort dans ce tombeau
> Sous la rose fleurie.

Comme on le voit, c'était suave d'intention expri-
mée : pas la plus faible allusion au genre de mort.
Tout à fait comme dans les actes de décès que rédige
l'officier de l'état civil.

LA MORT DE CÉSAR

HISTOIRE D'UN CRIME

César était, à l'âge de trois mois, le plus gentil compagnon que l'on pût imaginer ; il me suivait dans mes plus longues courses, et montait au galop la colline escarpée où se dressait la maison de Luguet, le métayer avaricieux. Mais ce nom dictatorial ne porta pas bonheur à mon ami ; en grandissant il devint sombre et hargneux. J'essayais en vain de ressusciter en lui l'amabilité de son enfance, il demeurait taciturne et osa même une fois répondre à une affectueuse caresse par un de ces grondements sourds, avant-coureurs des morsures. Je décidai sa mort en ma pensée, non certes par mouvement de vengeance contre une simple menace, ce qui eût été une sauvagerie inexcusable, mais en vertu d'un sentiment d'une subtile complexité qui me représentait comme intolérable la vue continuelle d'un être que j'aimais toujours, et qui, *lui*, avait cessé de m'aimer. La nuit tombait, pleine de tristesses et de nuages. Je pris César par son collier et l'amenai lentement jusqu'à une demi-lieue de la maison, au hameau de Puyssembert, résidence privée de mon connétable. Je dis à Eÿer : « César a voulu me mordre, tu vas tuer César. — Oh ! Sire, Votre Majesté n'y pense pas, me répondit le haut dignitaire. — Je te dis que tu vas tuer César ; je veux qu'il périsse, et ne puis pourtant pas tremper mes propres mains dans le meurtre d'un ancien ami. » Une impression douloureuse contracta le visage d'Eÿer ; incapable d'analyser la sensation psychique qui me dominait, il éprouvait, à me voir cruel, un malaise pénible. Il prit pourtant son fusil à deux coups et nous descendîmes lentement, le juge, l'exécuteur et le condamné, vers un profond ravin, sépulture ordinaire des animaux abattus et appelé « les chavailles », par allusion aux nombreuses carcasses hippiques qui roulèrent dans ses cavités. Une obscurité presque entière nous enveloppait. Eÿer conduisit César au bord de l'excavation et lui commanda de ne point bouger avec une voix pleine de tressaillements. César obéit la tête basse, chancelant sur ses pattes et comprenant que les plus graves événements se préparaient. Le connétable recula de six pas et épaula son fusil. « Attends ! » m'écriai-je pris d'un tremblement, et j'allai vers César cherchant à ranimer chez lui les gentillesses d'autrefois. S'il m'eût léché, s'il eût seulement remué la queue, je l'eusse étreint et pardonné. Il ne bougea pas, on eût dit qu'il était déjà mort. « Allons ! » dis-je à l'homme-peloton. Il ajusta César, puis laissa retomber son arme avec ces paroles : « Sire, je ne puis pas, je ne puis pas » Après un moment de silence, et sur la réitération de mes ordres, Eÿer se dirigea vers la bête toujours immobile, lui noua son mouchoir autour du cou et d'un violent effort le suspendit à une branche, Puis nous nous éloignâmes comme des malfaiteurs au bruit des feuillages qui frissonnaient par-dessus les soupirs étouffés... Quelques moments après César s'était dégagé ; couché au pied de l'arbre, il semblait nous attendre. Le connétable l'accrocha de nouveau à son gibet et nous fîmes les pas carrés devant cette agonie, lugubrement. De longues minutes s'écoulèrent, puis soudain une lourde chute ébranla le sol, je me précipitai vers la potence le cœur envahi de miséricordes : César cette fois ne respirait plus. Tel il venait de tomber, tel je le retrouvai le lendemain matin dès la première aube, quand, tout en larmes, je vins l'ensevelir ; son grand corps tachait de blanc la mousse, et ses yeux, au travers des ramures, contemplaient fixement l'azur du ciel. J'embrassai la bête morte, je l'étendis avec d'infinies douceurs dans une fosse que je creusai moi-même, sur un lit de feuilles tendres, sous un amas de boutons d'or. Il fallut une journée pour flétrir les verdures et les fleurs, mais une vivace orchidée prit racine au fond de mon âme, le remords inextinguible d'avoir vu étrangler mon pauvre chien.

IMPRESSIONS D'ART

I

Nous eûmes la bonne fortune, à une très ancienne époque, d'héberger et d'entendre Jasmin, le poète-merlan, le délicieux troubadour, qui aux soupirs de sa musette fit sangloter tous les cœurs sensibles, le rustre mal éduqué, qui marchait sur le pied des dames, et versait dans leur corsage la majeure partie de son café. Pas un point de contact entre l'homme désagréant et le suave poète ; on exécrait le premier, l'autre vous comblait de fraîcheurs intimes et de ravissements. Il était surtout formidable quand on interrompait ses mélopées par un geste, un mouvement de tête, un éternuement. Un jour qu'il nous déclamait sa touchante *Areugle,* qui fit couler tant de larmes, au début même de sa récitation, je remuai une chaise dans l'intention bien nette d'agacer le grand homme. Jasmin me fit les gros yeux, avec un haut-le-corps d'indignation. Subitement furieux de cette manifestation que je jugeais impertinente, ne pouvant à six ans,

dans une société de vingt personnes, châtier l'insolent
comme il le méritait, je quittai le salon avec grand
tapage, heurtant les fauteuils, bousculant les tabou-
rets, avec l'impétueuse rage d'un fauve molesté par
un public de tourlourous, et qui frémit derrière les
barreaux de sa cage. Mais tout en sortant je n'allai
pas loin; retenu par une curiosité irréfléchie, je me
blottis derrière la porte entre-bâillée, et la musique
de l'aède commença sereine, douce, pleine de gaieté
printanière. La fiancée radieuse court les sentiers,
dans le clair du matin, et le poète parle ainsi aux chemins que foulent ses pas :

> Las carreras dyoun flouri,
> Tant bello nobio bay sourti,
> Dyoun flouri, dyoun grana,
> Tant bello nobio bay passa.

Puis insensiblement le paysage s'assombrit, la fiancée est trahie par son amant qui épouse une autre
jouvencelle; en son désespoir, elle se poignarde à
l'église, au moment où les heureux se jurent un
éternel amour. Et du *ton majeur* de l'allégresse la
lyre passe au *mineur* douloureusement triste :

> Las carreras dyoun gemi,
> Tant bello morto bay sourti,
> Dyoun gemi, dyoun ploura,
> Tant bello morto bay passa.

A cette dernière incantation c'était moi qui pleurais,
au fond de ma cachette. L'Orphée m'avait réconcilié
avec le butor. Après la séance j'allais tendre mes

petits bras à Jasmin, et je ne reconnus point l'ogre *aux yeux de bœuf* dans le charmeur ému, que sa propre harmonie transfigurait.

II

Une autre impression d'art, troublante et profonde, était celle que j'éprouvais quand, à la veillée, mon père me jouait le songe d'Athalie et ses imprécations. Sa voix chaude, son intonation vibrante, me traduisaient éminemment ces grandes horreurs, et faisaient passer en mon âme le souffle des passions tragiques, qui me bouleversait et me captivait à la fois, comme le fracas d'un immense orage vous comble d'admirations et de frémissements. Je regardais mon père, magnétisé par les vers sonores, par la violence des sentiments, par la sombre terreur des images. Suspendu à ses lèvres et à ses contractions physionomiques, je haletais sous l'harmonie des rythmes et sous l'effroi des malédictions. A mesure que la scène approchait du vers final, toutes mes émotions s'exacerbaient, je saisissais mon père par les bras, comme pour accroître l'élan de la période vertigineuse, et, quand le dernier hémistiche avait grondé, je ressentais un spasme intellectuel, une délectation cérébrale, qui me faisait crier avec des soupirs et des sanglots... « Encore !... Encore !... »

ELEEMOSYNA

Mon saint aïeul, et après lui ma tante immaculée,
continuatrice passionnée de ses œuvres, établirent
auprès de l'église paroissiale un couvent de Saint-Vin-
cent de Paul, destiné à recueillir les infirmes, tout
en enseignant la lecture et le catéchisme, ce qui suffit
largement, aux fillettes de la campagne.

La première supérieure qui nous fut envoyée, sœur
Saint-Borgne, était une extraordinaire perfection,
résumant à elle seule les vertus splendides et les qualités pratiques de son ordre ; disgracieuse de visage,
vulgaire d'allures, lourde d'attitude, commune et banale en conversation, cette femme du peuple s'illuminait quand l'abnégation chantait son haut appel,
quand sonnait l'heure des devoirs accablants et des
tâches douloureuses. On pouvait sourire à la voir
triviale et inélégante en sa besogne quotidienne ;
mais lorsque, exhaussée par la foi, grandie par la charité, elle foulait en conquérante le champ de bataille
des *Œuvres,* ce n'était plus l'ironie qui s'échappait
de la pensée, mais l'admiration qui jaillissait du cœur.
Et cette âme, close à toute émotion esthétique profane, s'extasiait pourtant dans les chapelles à contem-

pler les fleurs rouges, et le reflet des lampes sur les cadres d'or.

Malheureusement nous ne conservâmes pas cette figure apostolique, et nous n'eûmes guère à nous louer de la plupart de celles qui lui succédèrent, de l'avant-dernière surtout, qui crut devoir arborer l'étendard de la *démocratie* sur des murailles édifiées par les aristo-crates les plus purs : une démocratie prétentieuse et jalouse. Les intentions primitives tombèrent en oubli, l'instruction populaire fut reléguée aux accessoires, et l'on établit un pensionnat élégant, où de ridicules pimbêches, nées dans la demi-aisance artisane, vinrent se déclasser à qui mieux mieux et savonner jusqu'à l'écorchement leurs mains noircies au maniement des ferrailles, ou gluantes encore des cassonades pater-nelles. Tout naturellement, on inspira à ces jeunes dindes une aversion presque dédaigneuse envers la famille des bienfaiteurs, saignée aux quatre veines pour la constitution et l'entretien du couvent. Quand circulait un cancan désagréable, on pouvait jurer qu'il avait pris naissance aux lèvres fielleuses des pension-naires. Il est certain que ces filles de harengères, futures institutrices et candidates à la famine, beaucoup plus richement habillées que mes sœurs, et frisant leurs cheveux *par des lotions d'eau sucrée,* nous tinrent de tout temps en fort mince considération, ce qui ne les empêchait point de venir prendre leurs ébats dans nos bois et dans nos prairies, et de patauger en insi-gnes grenouilles aux bords de la Fonbourna, mon étang sacré.

Un soir, une douzaine de ces demoiselles, plus
âgées que moi d'un bon lustre, s'étaient installées en
dominatrices sur une rive de la pièce d'eau, où elles
pêchaient, avec un accent circonflexe, regrettant
peut-être de ne pouvoir substituer un accent aigu. Je
passais rêveur, tranquille, *et ne daignais rien voir*,
quand une provocation malsonnante me fut décochée
par la plus renommée des pécores. Malheureusement
pour l'angélique Théorie, j'avais lu le matin même
un chapitre d'Homère, dans l'honorable traduction
de M. Bitaubé. Me ruer sur la cohorte en jupons,
arracher sa ligne à la pintade en chef, et m'en servir
en guise de javelot, fut l'ouvrage d'une demi-minute.
Diomède et Ajax tout à la fois, je pointais du bâton
et lançais des pierres de la main gauche. Le bataillon
enfoncé commença à m'accabler d'injurieuses imprécations; à un instant, toutes se jetèrent sur moi,
mais je les renversai à revers de bras, comme un ouragan couche les moissons. Je fus griffé notablement,
mais je me mis à distribuer avec une telle générosité
les coups de roseau et les gifles, qu'un sauve-qui-
peut général se déclara au bout de cinq minutes. Tous
les engins de pêche me demeurèrent en guise de bu-
tin; mais, lorsque les fugitives, décoiffées et disper-
sées, eurent mis plusieurs centaines de pas entre leur
couardise et mon ardeur, elles se mirent à crier :
« Victoire! victoire ! » Et tous les échos retentirent
des hourras de ce triomphe en déroute.

———

DEUX AGONIES

I

Mon petit frère se mourait. Moi, qui comptais cinq
sœurs, avais éprouvé une réjouissance profonde à
l'apparition de ce frère, qui, comme inséparable lieutenant, était appelé à dépasser un jour les perfections
même de Louisette. Et l'on eût dit qu'il prévoyait
les hautes destinées que je lui préparais, car il m'aimait, le pauvre petit, sentant d'instinct que son existence devait être le complément de ma vie. Je me sou-
viens de la tendresse émue avec laquelle, âgé de quatre
ans, il me prenait par le cou en répétant : « Mon
frère ! mon frère ! » Et voici la Mort soudainement
dressée, et le bambin chéri se débattant sous l'étreinte
des doigts osseux qui comprimaient sa gorge. C'était
un soir d'été : on le soutenait devant une fenêtre
ouverte, et ses petits bras s'agitaient vers le grand
air convulsivement invoqué. On appuyait une cuiller
d'argent sur sa langue pour aider la pénétration du
fluide vital ; mais le mal invincible était plus profond,
aucune illusion n'était permise, et ma mère avait
comme seule consolation le spectacle des regards

suprêmes et des derniers mouvements de lèvres.
Comme toujours, les yeux de l'agonisant, à l'aspect
de la tombe noire, imploraient le secours de l'*ange
unique* ayant donné la lumière et la vie, et quand les
prunelles éteintes se fixèrent dans l'immobile éternité,
l'enfant semblait contempler encore la pâle figure qui
avait eu son premier baiser. Le crépuscule s'effaçait
dans la nuit quand le petit cadavre fut rapporté dans
son berceau. Il ravissait encore, ainsi qu'une fleur
cueillie au matin, et j'embrassai sa face blanche avec
l'emportement du désespoir. Le lendemain, je ne le
quittai pas, mais, quand j'approchai ma joue de la
sienne, je fus consterné du froid implacable qui la
glaçait. Lorsqu'on l'ensevelit, les paupières fermées
s'enfonçaient déjà aux ténèbres des orbites, et de la
chambre à la chapelle, en traversant la cour, au lever
de la lune, je cherchais vers quelle douce étoile s'était
envolée l'âme perdue.

II

Assister les mourants fut une austère charité que
pratiqua souvent ma mère. Ce jour-là, par une
éblouissante matinée d'août, dans une masure lamentable, Annie, pauvresse favorite, agonisait. Sa longue
face, amaigrie par une vie dénuée et plusieurs jours
de souffrances aiguës, tremblait des lèvres au front,
comme une flaque d'eau terne ridée par le vent. La
bouche murmurait une prière interrompue de hoquets

étranglés, les narines palpitaient, les joues terreuses
ébauchaient des grimaces, les paupières, convulsivement agitées, voilaient et dévoilaient tour à tour le
gris métallique des yeux. Tout à coup les mouvements s'éteignirent et les prunelles s'ouvrirent toutes
grandes, dilatées d'épouvantement. Annie me regardait : une contemplation hagarde, effarée, fascinante,
figeant la chaleur de mes artères ; et je ne pouvais
m'en détacher, le front en sueur, les jambes chance-
lantes. J'ouvrais moi-même les yeux d'un effort exaspéré, renvoyant sans doute à l'expirante l'âpre terreur qu'elle m'injectait. Il ne me fut loisible de fuir
qu'après le dernier râle, lorsque ma sainte mère eut
abaissé sur leurs globes vitreux les paupières de la
morte. Quoique au grand jour et en plein soleil, je
me sauvai dans les bois, n'osant me retourner vers la
terrible chaumière. Rentré à la maison, je recherchai
obstinément la compagnie nombreuse, la société
d'une seule personne étant impuissante à me récon-
forter. Furtivement je jetais des coups d'œil à droite
et à gauche, en prêtant l'oreille, sous l'obsession de
ma hantise funèbre. A deux heures de l'après-midi je
dus entrer au salon, et un frisson me révulsa à l'aspect
des portraits appendus aux murailles. Je n'y voyais
point les figures véritables, mais l'image blafarde
d'Annie, qui de ses larges yeux fixes me regardait...
me regardait...

PRIÈRE D'HIVER

Du printemps à l'automne, la prière en commun se
laisait à la chapelle ; dès qu'arrivait la saison froide,
l'oraison du soir était récitée à la cuisine, échauffée
des suprêmes ardeurs de l'âtre, toutes portes closes,
au milieu des domestiques agenouillés et envahis déjà
par le sommeil. Un grossier luminaire, porteur d'une
mèche à peine imbibée, projetait une pénombre sur
les murailles noircies, les plafonds enfumés, les grosses
poutres fléchissantes, sur la table de chêne massif, où
gisaient pêle-mêle les débris de l'humble repas. Les
chiens se vautraient aux angles du foyer ; les chats,
accroupis sur le buffet, le fourneau de pierre ou la
margelle du puits, dans les endroits les plus noyés
d'ombre, dardaient vaguement leurs prunelles aux reflets diamantés. Au fond de la haute cheminée, les
derniers charbons des grosses bûches se consumaient,
et l'eau de la marmite suspendue faisait entendre les
soupirs extrêmes de l'ébullition apaisée, comme l'expi-
rement d'une brise qui s'éloigne. La prière commençait, grave, lente, monotone, mais jusque dans la

voix célébrante, parmi le silence des inclinés, la somnolente fatigue se mêlait à la pieuse foi. Les intonations restaient fermes jusqu'à l'Oraison dominicale : *Notre père, Je vous salue*, le *Credo* et le *Confiteor* étaient psalmodiés sur le mode pleureur d'une mélopée endormeuse d'enfants ; les versets pénultièmes revêtaient un accent plus confus et plus faible. Une sorte de réveil semblait se produire aux litanies, et c'était assez nettement qu'à *sainte Marie, sainte mère de Dieu, sainte Vierge des vierges*, l'assistance tout entière répondait : « *Priez pour nous.* » *Vierge aimable, Vierge admirable*, les voix diminuaient de nombre et d'intensité. *Cause de notre joie, Rose mystique, Tour d'ivoire, Étoile du matin*, quelques lèvres s'agitaient encore, mais les cerveaux étaient assoupis, et, par delà les paupières fermées, toutes ces âmes simples, bercées par la magie des invocations, rêvaient des allégresses divines, parmi de célestes floraisons, au milieu de clochers à jour, sous la douceur d'une aube éternelle. *Reine des anges, Reine des patriarches, Reine des martyrs...*, ce n'était plus qu'un indécis murmure comme la résonnance d'une cascade lointaine. A l'*Agnus Dei*, les doigts, machinalement pliés, se rapprochaient des poitrines, mais l'officiante devait répéter elle-même : *Pardonnez-nous, Seigneur.* Après l'*Oremus* et le signe de croix final, elle imprimait à sa chaise une légère nutation, qui, sur le sol carrelé, produisait un grincement ; c'était le signal attendu par les prosternés. A l'instant même, tous se redressaient, frottant leurs yeux, et le bruit de leurs sabots remués retentis-

sait dans la maison paisible. Les domestiques allumaient leurs lanternes, et, grelottants, la tête penchée,
sortaient dans la cour pour regagner leurs gîtes nocturnes : les servantes n'avaient point à affronter l'air
extérieur ; par un escalier très ancien suivi d'un étroit
corridor, elles montaient lentement vers leurs cham-
brettes ; seule, Francille veillait encore pour parache-
ver les travaux ou ravauder son pauvre linge. Quand
elle avait la conscience d'avoir pleinement accompli
sa tâche, elle s'approchait du foyer, et, avec le soin le
plus méticuleux, recouvrait de cendres pour le lendemain les braises encore vives. Elle inspectait l'office.et
la *fournière*, fermait les contrevents, verrouillait les
portes et opérait elle-même son ascension vers le repos. Et, sur la dernière marche de l'escalier, après
s'être arrêtée encore une fois pour prêter l'oreille, elle
s'en allait contente, n'entendant plus que le tic tac
de la vieille pendule, et, par intermittences, le chant
des grillons mélancoliques.

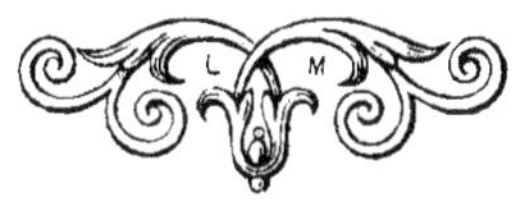

DEUXIÈME ÉVOCATION

LES AMBIANCES

DEUXIÈME ÉVOCATION

LES CHAPELLES

U fond de la grande cour se dressait la chapelle ; nul temple, aucune cathédrale, ne m'ont jamais donné l'émotion de la présence divine comme ce petit oratoire où s'agenouilla ma première croyance, où tressaillit mon cœur au dévoilement des rites et des symboles. La chapelle était précédée d'un jardinet enclos par une grille de bois peint, on y versait les eaux provenant de la purification des linges sacrés. Des verres colorés tamisaient un jour mystérieux par l'imposte et les étroites fenêtres, un ange d'albâtre vous tendait l'eau bénite, une voûte aux arceaux blancs figurait la montée du ciel.

Aux lignes marbrées de l'autel et du tabernacle,

des filets d'or serpentaient ; par-dessus la croix, une niche azurée contenait la Vierge environnée d'étoiles. Cette statue, la première qui ait frappé mes regards, rayonnait une bonté ineffable. Longtemps elle fut pour moi l'image unique de la Divinité ; une image vivante reflétant toutes les Puissances, exhalant toutes les Douceurs. A gauche, derrière un rideau blanc, s'ouvrait la sacristie, éclairée d'une fenêtre exiguë comme un soupirail, par où entrait la gaieté du soleil levant.

La chapelle avait deux apparences : l'aspect auroral et le profil du soir. Au lever du jour, elle était une maison de vie, une arche d'allégresse. Sous la jaune lueur des cierges mêlée à l'arc-en-ciel des vitraux, au milieu d'un parfum de bois cirés et de roses matinales, toutes les oraisons du prêtre épandaient la joie des magnificats. Là, seulement, j'ai pu goûter et sentir l'entière floraison des bonheurs mystiques, de cette paix infinie de l'âme, sans cause palpée, sans raison aperçue, qui vous enveloppe d'une buée d'amour et vous berce aux horizons divins. Mais quand venait le crépuscule, le sanctuaire s'attristait pour de graves enseignements. C'était l'impression du caveau qui planait à cette heure assombrie, du caveau où nos ancêtres étaient couchés, nous attendant. Et tout ce qui frappait mes sens, l'affaiblissement du jour, les vacillements de la veilleuse, la senteur lassée des fleurs mourantes, était une manifestation des endormis qui nous répétaient par la voix des emblèmes : « Tu es poussière, et tu retourneras en poussière. »

II

Dans la chambre de ma mère, vis-à-vis l'armoire du linge, s'ouvrait une encoignure de deux pieds de large qu'ornaient une statue et une crédence servant d'autel ; c'était ma chapelle à moi, mon église, ma cathédrale. Après mes guerres, mes courses bruyantes et mes férocités, j'y venais pieusement dire la messe, comme les prélats de la Renaissance qui traversaient les temps héroïques le crucifix d'une main et le poignard de l'autre. Un grand foulard était ma chasuble, j'avais déniché un vieux missel, une timbale d'argent me servait de calice, et je connaissais ma liturgie comme le plus savant des évêques. A ce moment, par une fiction imaginative, je cessais d'être monarque et tueur de chats pour revêtir la dignité de souverain pontife, et, dans cet avatar nouveau, j'apportais toute ma sincérité. J'étais un Pape auguste, un saint prêtre, comme un instant auparavant un empereur glorieux, un juge implacable exécutant lui-même ses sentences. Je confessais mes petites sœurs dans un coin obscur et leur distribuais la communion : des rognures de pain azyme. Il m'arrivait aussi de prêcher sous mes insignes sacerdotaux, je montais sur une table et débutais par de pieuses exhortations ; mais si, par malheur, un auditeur récalcitrant se permettait une objection ou un sourire, le guerrier reparaissait promptement dans l'apôtre, et, sans connaître encore Sixte-Quint, je mimais la fière nature du vieux moine qui, avec une si hautaine maestria, jeta ses béquilles au nez des cardinaux romains. Je sautais à bas de ma chaire improvisée et prenais ma crosse, un manche à balai. « Un évêque est un pasteur », m'écriais-je, et j'avais des procédés péremptoires pour ramener les brebis au bercail.

MYSTIQUE

I

Ma première confession se fit à l'abbé Julien, le même curé qui avait un jour conseillé que l'on m'appliquât les étrivières. J'allai au sacrement de pénitence avec une certaine appréhension, car j'étais résolu à une sincérité entière, et certaines peccadilles que je croyais des crimes me paraissaient bien pénibles à formuler. Je commençai par la faute dont l'aveu me coûtait le plus : « Mon Père, je m'accuse de ne pas vous aimer du tout. »

Le prêtre sourit légèrement et ne fit aucune observation ; il ne daigna même pas s'enquérir des motifs de ma haine, ce qui me parut fort extraordinaire. Je m'accusai ensuite de quelques forfaits divers : d'avoir pris des pots de confitures, volé du sucre ou du chocolat dans l'armoire des provisions, péché contre la sainte vertu de pureté en poursuivant ma bonne, Maria, une pincette à la main, tout uniment pour la rosser, mais dans un costume un peu simple. Inutile d'ajouter que le fait même de battre Maria ne me semblait *nullement* répréhensible. Mon dernier attentat, que j'estimais le plus grave, fit beaucoup rire l'abbé Julien, ce dont je fus scandalisé notablement : il s'agissait d'un sacrilège. J'avais toujours eu au degré le plus éminent *l'esprit de contradiction*, ce que notre cher Edgar Poe nomme le démon de la perversité. Il suffisait que l'on me donnât une indication précise, pour que je me portasse immédiatement aux antipodes. Le respect des choses saintes m'avait été longuement inoculé ; aussi, dans mes heures de petites rages, me plaisais-je à perpétrer mille profanations. Entre autres infamies, dignes d'attirer la foudre, j'avais osé fouler aux pieds un rameau bénit : pour un pape c'était léger.

Et voyez la circonstance aggravante ! Il y avait deux sortes de rameaux bénits : pour le peuple, du buis ou du laurier commun ; pour les messieurs et les dames, du laurier camphrier. Dans mon raisonnement hiérarchique, je trouvais spécialement grave le manque de respect à cette dernière sorte de verdure. Aussi était-ce celle-là que j'avais furieusement piétinée. Je terminai donc ma confession par cette phrase, qui, au passage, faillit m'étrangler : « Mon Père, je m'accuse encore d'avoir marché sur une branche de laurier bénit... *camphrier...* »

II

Mais ce n'était point un manque de religion qui me poussait à ces malices ; je croyais tout sans hésitation, sans conteste, avec l'illusion de voir et d'enten-

dre les splendeurs de ma foi. Aussi puis-je affirmer,
dans toute la loyauté d'un cerveau enclin à garder les
plus fugaces réminiscences, que la matinée de ma
première communion fut l'éblouissement suprême de
ma vie. J'avais cette idée très nette, malgré son haut
degré d'ésotérisme : la possession de l'absolu. *Étrange
miracle,* je demeurai quelques heures ayant abdiqué
mon orgueil. Car l'orgueil, disait le catéchisme, c'était
le démon, et quelle horreur pour ce personnage, en
ces moments d'exaltation mystique ! Vraiment tous
mes désirs furent comblés, toutes mes faims assouvies,
toutes mes soifs désaltérées. J'arrivai même à cette
conception hyperphysique, d'une surabondance d'a-
mour indépendante de l'attraction vers la beauté cor-
porelle. Déjà, pourtant, je la comprenais, cette irra-
diance des formes, et dans le visage de tous les êtres
qui m'entouraient, je la recherchais avidement pour
l'admirer et l'adorer. Mais en cet instant, au soupir
des cantiques célestes, aux résonnances des musiques,
dans l'ivresse de l'encens bleu, aveuglé par l'or des
chapes, le vermeil des ciboires, la rutilance des cierges, je ne pouvais songer qu'à *cette image* du ciel. Et
ce ciel lui-même, le vrai, le grand, celui qui plane au
delà des étoiles, m'était donné tout entier sous l'apparence de la sainte hostie.

FLEURS SACRÉES

I

Les premières verdures se montraient le dimanche des Rameaux. Pieusement cueillies dans l'aurore, par les femmes et les enfants, les branches de buis et de laurier quittaient leurs arbres à la sève montante, et s'en allaient vers l'église comme une mouvante forêt. Sur tous les visages, comme à toutes les frondaisons, s'agitait le réveil printanier, secouant l'engourdissement des jours glacés. Quoique la fête soit l'ouverture du *chemin de la Croix,* la première marche vers la couronne d'épines, le peuple ressent la joie d'Israël exultant au passage de l'Agneau divin. Sans oublier les jours d'angoisse qui vont venir, le vinaigre et le fiel, les clous et la lance, on se réjouit au frémissement de toutes ces ramures élevées dans les mains, à la flottaison de ces fraîches senteurs végétales, qui avant le supplice annoncent déjà la résurrection. Un grand geste du prêtre et quelques gouttes d'eau lustrale consacrent ces feuilles mourantes, et les bouquets s'en iront aux chaumières, et se faneront

lentement, ombrageant les crucifix, ou cachés aux
plis des rideaux. C'est le talisman de Dieu envoyé
pour la consolation des pauvres. Dans le dénûment
de la masure, parmi les douleurs du grabat, la branche bénite se dresse encore parée aux couleurs d'espérance, comme un rayon qui filtre au travers des
nuages, une échappée de ciel éclairant l'enfer terrestre, et montrant, par-dessus l'humble souffrance des
jours, la radieuse allégresse des destinées. Quand
l'année expire, le rameau est brûlé, et un autre vient
à sa place, fils joyeux du printemps nouveau. Ainsi
jusqu'aux époques dernières, les branches vertes
succéderont aux branches flétries, mais celles que l'on
embrase ne s'abîment point au néant : nous les re-
trouverons au faîte de l'azur, vivantes et rajeunies,
quand aura sonné l'heure où toutes les âmes doivent
refleurir.

II

Mais à la Fête-Dieu toute la joie éclate, avec l'a-
pogée du soleil et l'éblouissement des roses. Le Seigneur quitte son tabernacle d'or, où il rêve, abîmé
dans sa glorieuse contemplation, pour jeter un regard
sur le manteau fleuri de la terre. Les jeunes filles sont
en blanc, la candeur de leur âme égale celle de leur
visage et de leur robe. Les soucis s'endorment, les
passions mêmes sont oubliées, l'attention des yeux
s'envole aux ostensoirs avec les soupirs du cœur. En

ce jour *unique,* le peuple a une vision du paradis, l'enfant du hameau comprend les saints et les anges, les roses lancées par ses petites mains figurent le vol des âmes autour de leur astre éternel. Les arbres et les haies semblent entraînés au mouvement des processions : Dieu marche, l'homme le suit, et la nature l'accompagne. Les reposoirs sont des haltes lumineuses parmi les bois, comme des jours dorés dans les ténèbres de la vie. Les oiseaux chantent aussi leurs cantiques et s'émerveillent aux senteurs de l'encens. Les voix humaines sont grêles, sous l'élévation azurée, mais le murmure du vent se fait plus doux pour les bercer, et les grands arbres, anciens dans les âges, penchent leurs fronts miséricordieux. Le cimetière longé a un vague tressaillement; ses fleurs, ses papillons, ses abeilles, saluent au passage celui qui donne aux morts le repos. On rentre à l'église après un long bain de soleil, et les hymnes s'achèvent sous le flamboiement des verrières. L'Hostie s'enlève au plus haut des gradins, avant de se replonger aux mystères de l'ombre. Les fidèles s'écoulent après la salutation du *Laudate,* mais ils retrouvent les chemins couverts et embaumés des jonchées. Les plus dénués sont envahis d'une gloire, songeant qu'ils suivent la route par où le Seigneur a passé.

LA CROIX DES LARMES

A trois quarts de lieue de la maison, au carrefour de la grande route et du petit chemin tracé par mon père, s'élevait une croix de fer, supportée par un socle de pierre blanche, qui, au milieu des sombres verdures, faisait de loin une tache lumineuse. De grosses larmes étaient figurées sur le piédestal, et je ne passais jamais sans une émotion pénible devant ce Calvaire dressé à la mémoire de quelque *immense* douleur. Ma mère me dit un jour : « Mon enfant, nous avons fait planter cette croix en souvenir des volontés d'un ange : une admirable petite sœur que tu n'as pas connue, et que je puis te figurer en la plaçant au-dessus de toutes les autres comme beauté de visage et hauteur d'âme. Toute sa vie fut une musique, un de ces chants du soir qui s'élèvent dans le crépuscule et s'éteignent à la nuit tombée. Elle avait le sens intuitif des harmonies terrestres, et, sans que ses yeux eussent l'enseignement des notes, ses doigts frêles exécutaient les mélodies, se jouant parmi les sons et les accords, avec la légèreté des oiseaux qui

9

s'envolent de branche en branche. Déjà étreinte par
le mal implacable, elle nous fit un soir cette réflexion,
en passant ici : « Comme une croix serait jolie à la
« rencontre de ces chemins ! » Dès que la jeune sainte
nous eut quittés, nous avons obéi à ce désir, l'un de
ses derniers, et nous ne pouvons guère sortir sans
arrêter nos yeux sur ce mausolée, qui est à la fois un
symbole de douleur et un emblème d'espérance. »

Je passe souvent moi-même au pied de cette croix,
et j'ai toujours un regard pour elle. Je me figure,
comme ma première aînée, cette face qu'il ne m'a
point été donné de contempler, et j'éprouve un singulier tressaillement à juxtaposer ces deux images :
la femme mûre qu'elle pourrait être, distillant la sagesse des conseils avec l'affection des douces paroles,
et les grêles ossements de la fillette endormie à l'aurore des jours. Moi, *son petit frère*, mesure près de
deux fois la longueur de son cercueil; et quand je ne
serai plus qu'un vieillard blanchi, courbé, haché de
rides, je pourrais embrasser dans un enfant de huit
ans, le portrait, *le fantôme* de ma grande sœur. Et ce
serait moi qui la protégerais, lui enseignant la vie
inconnue, expliquant à ses curiosités impatientes les
pages du livre qu'elle n'a point ouvert. Je lui serais
propice et paternel; celle qui eût pu me bercer s'as-
siérait sur mes genoux, et ses pieds ne toucheraient
pas la terre. Ce serait moi, *le cadet futur,* qui jouirais
de l'épanouissement de cette âme, de l'accroissement
de ce front, de la dilatation de ces yeux. Mais est-il
une conjuration, une parole *magique* pour ressusciter

des poussières ! L'esprit séparé de sa gangue, à jamais incorrompu, en possession des clartés intégrales, reviendrait-il épeler et bégayer l'alphabet des vivants ! Si, par un souffle miraculeux, il se réincarnait en sa forme adolescente, ne serait-ce pas lui qui m'ouvrirait la porte des énigmes, qui, pour mon intelligence ébahie, ferait pleuvoir la lumière sur l'obscurité des secrets ?

Cependant la croix est encore demeurée, malgré les insultes du temps et des hommes. La haie de l'entour est détruite, le terre-plein est ravagé, le divin gibet s'incline au sol aride, mais les larmes sculptées sont toujours là, *éternelles,* comme celles d'une mère qui s'est penchée sur la bière d'un enfant.

VOIX CÉLESTES

La sonorité des cloches m'enchantait, surtout celle
de la cloche du logis, blottie au-dessus de la cuisine,
en un minuscule beffroi. Cette cloche avait la voix
cassée d'une personne affaiblie par l'âge, mais dont
une harmonieuse bonté fait encore vibrer le cœur et
les lèvres. C'était pour mon âme le doux appel, le
chant rythmique *des vieux génies* gardiens de nos
chères murailles, qui vivaient et respiraient dans les
pierres grises, parmi les toitures, et qui, trois fois le
jour, s'assemblaient sous la voûte du campanile pour
célébrer la joie des matins, la gloire des midis, la
mélancolie des soirs. Les tintements des premières
heures reflétaient encore quelque jeunesse, comme un
sourire d'aïeul parmi l'aurore; ceux de la pleine chaleur avaient le retentissement des voix accablées de
fatigue; ceux du crépuscule semblaient expirer dans
l'or du couchant, en murmurant une prière aux
étoiles. Mon impression très nette me représentait
une *théorie d'esprits angéliques* répandus çà et là, re-
vêtant d'une physionomie vivante le profil des choses,

et se groupant à heures fixes dans la pénombre du clocher pour exhaler leurs soupirs. Ces génies familiers, incarnés parmi les ambiances, étaient d'ordinaire aussi muets qu'invisibles. Ils ne parlaient que trois fois le jour, et je m'imaginais *qu'à ces instants* ils prenaient des apparences fantomatiques, et qu'un œil humain assez osé pour les approcher pourrait contempler la ligne aérienne de leur visage. Je me les figurais des vieillards éternels qui n'ont pas eu de jeunesse et ne connaîtront point la mort, harmonieusement beaux sous la pesanteur accrue des âges, coiffés de nimbes, vêtus de rayons. J'avais un torturant désir de grimper aux combles pour les entrevoir, et, quand la cloche retentissait, je faisais toujours quelques pas vers le tabernacle des génies. Mais une crainte religieuse m'arrêtait : n'était-ce pas une profanation que de surprendre, *sous leur forme sensible,* des êtres supérieurs qui d'eux-mêmes ne se montraient pas, mais dont le mélodieux langage attestait l'existence céleste? Un pareil sacrilège n'exciterait-il point la colère de ces bons anges? ne s'empareraient-ils point de mon âme pour l'entraîner dans leur vol et la noyer dans l'effroi des ténèbres? Il arriva pourtant que la curiosité eut plus de sollicitations que la crainte. Je choisis une heure méridienne : rien n'eût pu me décider à monter le soir, et je trouvais la matinée trop voisine de la nuit et trop imprégnée de ses frissons. Je me glissai donc vers la cloche par un radieux soleil, cinq minutes avant l'instant propice. Je pénétrai bravement, mais non sans palpitations de

cœur, jusqu'au toit, franchissant un grenier plafonné
et deux combles obscurs. Comme il n'existait pas de
lucarne donnant sur la toiture, j'enlevai audacieuse-
ment un certain nombre de tuiles et me hissai péniblement, — je n'ai jamais été leste, — jusqu'à l'en-
cadrement cintré où la cloche sommeillait. J'ouvris les
yeux tout grands et approchai ma figure, tandis que
mes artères battaient à me couper la respiration.
Tout à coup la sonnerie éclata assourdissante, et mon
front fut heurté avec violence. J'étais repoussé par
les dieux grondants, qui demeuraient cachés. Je re-
culai vivement et regardai osciller la masse de bronze.
Si doux, entendus de loin, les sons me parurent des
cris déchirants. Je descendis avec la stupeur troublée
d'un Icare ayant tenté le ciel. Et, de ce jour, les voix
jadis charmeuses furent empreintes de menaces et de
tristesses. Les génies ne chantaient plus, ils maudis-
saient et ils pleuraient. Et j'avais sur le cœur le poids
d'un forfait, et mon front ressentait l'accablement
d'un Renversé, que la foudre a surpris au seuil violé
d'un mystère.

RÉSONNANCES

Après le son des cloches, deux autres résonnances :
la première énervante, la deuxième funèbre, s'engra-
vèrent profondément dans mon souvenir.

Durant les lourdes après-midi d'été, à l'heure où
le soleil éblouit et embrase, où tous les volets de la
maison étaient clos, où je penchais la tête aux tenta-
tions du sommeil, mes sœurs s'installaient au piano,
et, pendant de longues heures, sous la pénombre,
déroulaient des gammes sans fin, majeures et mi-
neures, naturelles et chromatiques, exaspérantes de
monotone obsession. Alors, parmi l'odeur fatigante
des parquets cirés, des acajous et des palissandres, je
fermais les yeux dans une demi-somnolence et laissais
aller mon âme à l'impression des notes successives, qui,
dans leurs saccades multipliées et dépourvues de mesure, me représentaient fidèlement l'uniformité banale
de l'existence non animée par le battement du rythme
passionnel. La cadence est l'âme de la musique comme
l'amour est le principe de la vie. Un cœur sans ivresse
est une morne guitare où courent des gammes inter-

minables, essayant vainement d'être allègres ou douloureuses, et seulement génératrices de l'accablant
ennui. L'amour est le chef d'orchestre qui bat la mesure des sensations; seul il les anime et les exalte, soit
qu'il fasse éclater la joie, soit qu'il inflige la souffrance. Ne vaut-il pas mieux verser des larmes qu'être
lentement étouffé aux bâillements du spleen et du dégoût de vivre! Je m'abandonnais à ces cogitations in-
formulées, pendant les exercices harmoniques qui se
perpétuaient implacables. Mon peu d'affection pour
la musique a pour cause certaine ces ressouvenances.
Je suis poursuivi par la terreur des arpèges, et je fris-
sonne en songeant à cette cohue d'âmes humaines
qu'un *rythme* n'a jamais électrisées, pianistes misérables
condamnées *à la gamme éternelle.*

II

Une autre sonorité, celle-là tout à fait lugubre,
était le chant des vêpres aux jours d'orages. Par une
concordance involontaire, les dimanches où grondait
la foudre, l'abbé Julien et Merissou, le marguillier,
exhumaient régulièrement les plus funéraires modulations du plain-chant, que j'appelais les *airs rouges,*
par opposition aux *airs jaunes,* qui étaient ceux du
Laudate et du *Magnificat.* Particulièrement, l'air du
Dixit Dominus m'apparaissait d'un rouge cramoisi, de
cette teinte que prend le sang quelque temps après
qu'il est versé. Et entendez combien les hymnes im-

placables s'adaptaient à la mélodie qu'accompagnaient les accords du tonnerre, le fracas de la pluie, le souffle de l'ouragan : *De torrente in via bibet... Implebit ruinas... Conquassabit capita in terra multorum.* Je laissais s'abattre mes paupières et j'avais la vision tragique des colères divines : un grand vieillard bondissant parmi l'escarpement des rochers et l'écume des précipices, plongeant aux eaux noires sa bouche altérée, saisissant ses ennemis et broyant leurs têtes de ses poings farouches. Et, précisément, ces vêpres-là n'étaient pas suivies de la *bénédiction ;* l'ostensoir ne montait pas sur son trône ; on ne voyait pas étinceler la chape d'or ni le voile d'argent. A la sortie du temple, le ciel était noir comme *un sac de crins,* et la tempête nous poursuivait de ses rugissements. Rentré au logis, je revêtais mon costume de prêtre, j'allais à ma cathédrale et répétais les versets terribles. Je songeais alors au Dieu de l'Ancien Testament qui envoyait des anges exterminer les peuples, et entr'ouvrait la terre sous les pieds des blasphémateurs. Et je mettais plus d'humilité à ma prière, plus de lenteur à mon signe de croix.

LES FLAMMES

I

En hiver, la haute cheminée était un asile. On pénétrait dans son large sein ouvert comme un cœur miséricordieux, et on se blottissait aux angles, tandis que la flamme claire s'élançait chargée d'étincelles. Dans la campagne glacée, au fond des chemins creux, les mendiants reconnaissaient bien la colonne lumineuse et les parcelles ignées qui s'envolaient par-dessus les toits à travers l'immense obscurité. Ils se hâtaient vers l'âtre hospitalier qui les appelait, toujours souriant, toujours pitoyable. C'était, pour ces damnés, un coin de paradis, quelques moments de ciel. Ils entraient, poussant la porte sans bruit, et une atmosphère de rayons semblait environner leurs guenilles ; on leur faisait fête en les conduisant vers le foyer. Ils s'asseyaient sur de petits bancs, s'appuyaient aux murailles noires, et laissaient errer leurs mains sur la tête des bons chiens qui sommeillaient à leurs pieds. Les chers animaux ouvraient leurs yeux, ils décelaient des compagnons de chaîne dans les nouveaux venus, et il était *singulier* de voir les regards de com-

passion caressante échangés entre ces pauvres et les
bêtes couchées. La figure des vagabonds, déjà éclairée par le feu, se nimbait d'une douce joie. Après la
soupe fumante et les deux doigts de piquette, la brillante chaleur et le repos, ils trouvaient aussi des amis.
Ils n'osaient parler, mais aux linéaments de leur visage
on lisait ce contentement paisible des appétits rassasiés, le corps ayant eu son morceau de pain et l'âme
sa part de consolation. Ils participaient à la commune
prière, et la gratitude qui les animait effaçait les
plis de leurs fronts, épanouis en sourires. Un abri
nocturne leur était préparé, ils s'abandonnaient aux
songes qui revêtaient un lambeau d'azur pour visiter
ces forçats de la vie. Je rêvais d'eux toute la nuit, et
leur fantôme, *reconnaissable pourtant*, s'ornait de
beauté et de jeunesse, pour remercier le foyer propice
et la bonne flamme qui les avaient accueillis.

II

Les feux célèbres de l'été s'allumaient au soir de la
Saint-Jean. Tout le jour, des buissons, des branches,
des bruyères, étaient rassemblés; une montagne de
bois desséché s'amoncelait dans un vieux pré derrière
la charmille. On ressentait du bonheur à voir baisser
et disparaître le soleil, et on s'apprêtait avec des cris
de joie à rougir l'épaisseur des ténèbres. A peine approchait-on une tige enflammée que la fumée tourbillonnait en colonnes écarlates, et que la nuit s'em-

plissait de longs jets de pourpre sanglante. L'ardeur
de l'incendie s'accélérant, la lumière jaune d'or succédait aux fauves clartés, et s'élançait, démesurée, mêlant ses étincelles aux étoiles. On courait autour du
bûcher et l'on saluait d'hosannas les pétillements et les
crépitations. En même temps, sur tous les coteaux
voisins, s'élevaient d'autres embrasements, et toutes
les fumées s'attiraient et montaient au ciel par nuages
confondus. Mais à l'allégresse des vastes flambées
succédait bientôt la tristesse des feux mourants, et
c'était en vain qu'avec des bâtons et des fourches on
pulvérisait les braises consumées. Ce crépuscule était
une douleur, ce déclin une mélancolie. L'ombre, un
instant vaincue, s'appesantissait, implacable. Un seul
espoir demeurait, la croyance qu'à l'aube prochaine
des cheveux de la Vierge flotteraient sur les cendres.
J'eus assez de poésie dans l'âme pour m'abstenir longtemps de vérifier le miracle ; mais, une année, l'esprit
critique fut le plus fort, et, à la pointe du jour, je vi-
sitai le foyer. Ce fut avec une désolation que je revins
dire à la vieille Francille : « Il n'y a pas de cheveux.
— Oh ! *Moussu*, me répondit-elle, vous ne vous êtes
pas levé assez tôt, les cheveux s'envolent avec l'étoile
du matin. » Je fus ravi d'une aussi sage réponse et
crus au prodige, trop céleste pour être contemplé du
soleil.

HEURES D'APOGÉES

I

Midi était l'heure haïssable par excellence ; la lumière, trop éclatante, pesait comme un couvercle de cuivre. Sa crudité faisait ressortir les derniers contours des formes ; plus d'illusions, plus de vague, plus de rêve ; la brutale réalité dans son ridicule, dans sa lourdeur. Je n'étais plus accompagné de mon ombre ; ce doux ange gardien courant à mes côtés, dans les sentiers, parmi les genêts, me désertait quand le soleil était en haut du firmament. Toute beauté disparaissait à être pareillement éclairée. Les chaumières ne semblaient que misérables et perdaient leur poésie des soirs et des matins. On ne voyait plus à leurs cheminées cette aigrette de fumée qui les pare, à l'aube et au crépuscule, comme une coiffure blanche enveloppe le front d'une pauvresse aux jours de communion. Les chemins étaient plus poudreux, les escarpements plus abrupts, les pentes plus raides et plus pénibles ; un ennui fait de lassitude et de vue trop précise s'emparait de tous les êtres vivants, qui cherchaient en un sommeil factice les demi-teintes des aurores et des couchants. La pénombre suggère davantage que la pleine lumière, car elle se prête aux songes de l'âme, dont les prolongement sont infinis, au lieu d'étriquer les objets sous l'infirme perception de nos yeux. Ne pouvant créer la clarté, nous aimons à la deviner *ou à la supposer* derrière les obscurités et les brouillards. Les sens matériels et la raison vulgaire s'acharnent en vain à nous circonscrire, à nous borner, à rapetisser nos conceptions et nos ambiances ; une poussée irrésistible nous entraîne dans l'illimité, et la lumière qui restreint les apparences doit être proclamée ténébreuse. Les brouillards et les ombres nous induisent peut-être en erreur ; mais n'est-ce point *un doux mensonge* que celui du baume apaisant une éternelle blessure ?

II

Je préférais les minuits en dépit de leur terreur, malgré les frissons qui les accompagnaient. J'eusse tremblé à cette heure, isolé sous la noirceur du firmament, mais j'étais blotti dans ma couchette, bien gardé, tout près de ma mère. Je rêvais de palais et de mondes enchantés, si beaux à contempler, que les lèvres se taisaient sous l'admiration des yeux. Si j'avais un réveil, le tic tac de la pendule me rassurait, témoin vigilant de la paix nocturne, commandeur des sonneries mystérieuses. Quand retentissait cette musique des temps écoulés, la chambre se peuplait de visions évoquées, et les vibrations ondoyantes concordaient avec des battements d'ailes. Des ailes qui entouraient mon front, et le berçaient jusqu'au retour du sommeil. Des rayons de lune pénétraient, et une ouverture circulaire pratiquée au contrevent me laissait entrevoir des étoiles. Si faible que fût l'astre aperçu, je lui envoyais les baisers de mon cœur. Il me figurait *un œil d'enfant,* me souriant du fond de l'immensité. Je l'invoquais et l'aimais comme un Jésus revenant sur la terre, et je suppliais *le minuit* de ne pas s'enfuir, et de laisser *l'odieux midi* submergé de l'autre côté du monde. Oh! la douceur du silence! la tranquillité des murs endormis sous les cieux propices! La descente des esprits lumineux, à travers les paupières des petits! C'est l'Éden promis, le ciel dévoilé. Chez les enfants qui agonisent, on voit souvent des sourires, des yeux largement ouverts, et qui regardent par delà les entours terrestres. C'est le paradis des songes qui revient, visible au seul regard du mourant et éteignant pour lui la clarté du monde. Ne le plaignez pas, ne le pleurez pas, il s'envole vers les rayons supérieurs auprès desquels les nôtres sont des ténèbres, et qui ne se montrent à nous qu'en rêve, à l'heure tranquille des grands *minuits.*

JAUNE ET BLANC

I

La neige recouvrait nos toits et nos champs pendant de longues semaines. En ces époques, si l'été brûlait, si le printemps et l'automne souriaient, l'un joyeux, l'autre mélancolique, l'hiver était glacial. Pourtant il savait demeurer *plein de grâces;* pas de ces pluies pourrissantes qui annoncent un ciel épuisé, mais l'immense voile blanc où se répercutait la lumière des astres, le soleil rouge vif, la lune vert-pâle. Puis c'était la bruyante invasion des oiseaux, passereaux, chardonnerets, rouges-gorges, seul bruit arrivant à l'ouïe; la marche humaine ne s'entendait pas. Ce manteau lyléen de la terre me faisait rêver à la candeur des premiers âges, quand une teinte uniforme revêtait le monde non sillonné encore de chemins ni de sentiers. Je me figurais être le pionnier d'un univers enfant, et, sous le froid intense, je creusais dans la neige de longues routes, qui avec leurs tournants, leurs montées ardues, leurs descentes rapides, serpen-

tant à travers la cour jusqu'au bosquet et à la charmille, me représentaient des espaces démesurés, fran-
chis par la constance, par la vigueur de mon génie.
Un jour mes travaux furent gigantesques; pour facili-
ter à ma mère l'abord de la paroisse, je traçai une
voie de plusieurs centaines de mètres, jusqu'à l'étang
de la Fonbourna, devançant les Russes qui devaient
plus tard se frayer un passage de la mer Caspienne aux
confins des Indes. Mon enthousiasme était tel, après
avoir parachevé ce grand œuvre, que j'avais perdu
tout sentiment de la température rigoureuse; je trouvai à mon retour que l'on étouffait dans la maison;
malgré cinq ou six heures de travail acharné, je n'avais
ni faim, ni soif, ni sommeil. *La gloire* m'avait rassasié
et désaltéré, et si l'on n'eût pas mis obstacle à mon
héroïque désir, je serais retourné à mon chantier,
m'étendre et rêver sous l'illumination des étoiles.

II

Les premières approches du printemps étaient dé-
celées par la floraison des cytises, sous l'ombre de la
charmille, au bord d'un étroit fossé qui était pour moi
une vaste mer. L'air était déjà tiède, mais d'épais
brouillards flottaient encore, ne dévoilant que par
intervalles quelques échappées de ciel bleu. Les cytises étaient des promesses de soleil; leurs grappes jaunes étincelaient parmi la brume, et reflétaient en leur
vive jeunesse l'éclat de l'astre qui allait venir. Leur

odeur très subtile, une sorte d'aromale fraîcheur tenant de l'herbe haute et de la sève des bois, dilatait et réjouissait mes narines, pressentant l'afflux des nobles parfums que le mois de mai devait exhaler sur la terre. C'était la fin des jours brefs et des longues nuits, l'appel aux ébats dans la campagne, le signal qui aux épaules des jeunes filles ressuscitait les *voyantes couleurs*.

La fleur du cytise me représentait une adolescente, au front de laquelle va poindre l'aurore de la beauté. On ne voit encore que la jeunesse et l'innocence ; mais ces yeux, clairs miroirs, sont avides de réfléchir la lumière. Pourtant ce ne sont que des précurseurs, contemplés avant la venue de ceux qui apporteront les enchantements. Quand se déroulera la splendeur des lilas, quand rougira la pourpre des roses, quand se déploieront les géraniums et les lis, senteurs violentes, manteaux éblouissants ; quand éclatera parmi les prés et les jardins la symphonie troublante des jasmins et des verveines, des muguets et des tubéreuses, des boutons d'or et des *fleurs de la passion*, qui se rappellera le pauvre cytise, dont la figure pâlie s'incline vers l'eau du fossé, rejetée par les bouquets dédaigneux, abandonnée aux dents des chèvres ou à la flétrissure solitaire !

LES VAGUES

La Fonbourna était notre étang chéri. Non qu'elle
eût toujours un riant aspect, elle était parfois effrayante et sombre ; mais, quelle que fût son apparence, sa contemplation rapide ou prolongée nous
causait toujours une vive impression. Les heures gaies
étaient celles de la pêche et des bains. En dépit des
préceptes de l'art, la pêche était bruyante et tumul-
tueuse ; on s'y livrait par bandes, les jours où nous
étions visités par nos cousins. Nous courions sans
cesse autour du vivier, trépignant, nous fâchant, nous
disputant les belles lignes et les bonnes places. Quand
par hasard *ça mordait,* il y avait des minutes d'anxiété,
jusqu'au moment où le bouchon disparaissait sous
l'eau verte, annonçant une capture certaine. Quand le
poisson frétillait au bout de l'hameçon, tous se précipitaient avec des cris de triomphe, et la pauvre victime, décrochée vivement, obtenait l'asile préventif
d'un seau ou d'un arrosoir. Les bains étaient encore
plus joyeux. Ils se passaient en famille, et il fallait
avoir le diable au corps pour se plonger dans cette

eau glaciale, à cinquante pas des sources qui alimen-
taient le réservoir. On pénétrait pas à pas, et avec
force tremblements ; chacun prenait une direction
conforme à sa taille et à son courage. La topographie
de l'étang était bien connue et légendaire : du côté
de la route, on allait en pente douce jusqu'au milieu
qui n'offrait pas de trop formidables profondeurs ; on
pouvait, par cette orientation de la marche, aborder
l'îlot central sans avoir de l'eau jusqu'à la poitrine.
Mais c'était avec terreur que l'on parlait de la région
située derrière l'île et du côté des prés. Les anciens y
avaient vu nager le connétable Eÿer. Quand Miry,
le maître de la cavalerie, y conduisait les chevaux,
ces bêtes, affirmait-on, s'enfonçaient jusqu'au cou.
Quant à la zone qui avoisinait la vanne et le déver-
soir, on n'avait garde de s'y aventurer ; la hauteur de
l'eau ne passait pas pour bien effrayante, mais le bruit
qu'elle faisait en se précipitant dans le canal inférieur
posait devant l'imagination un problème redoutable.
Bon papa, disait-on, s'y était un jour englouti jusqu'aux épaules. Nous poussions cependant l'audace
jusqu'à nous livrer des combats pendant les baignades,
au risque de voir les ondes effleurer notre menton.
Bien entendu, toute natation était inconnue : nous
parlions avec un sentiment admiratif de bon papa et
d'Eÿer, qui autrefois avaient nagé. Les jours d'ouragan, cette chère Fonbourna devenait épouvantable ;
elle se couvrait de vagues d'un demi-pied de haut, et
représentait à mon esprit l'immense houle de la mer.
Mes nuits de cauchemar, je rêvais parfois que je me

débattais, éperdu, parmi ces flots. Un matin, ma
sainte mère s'était levée à la pointe du jour pour
aller à la messe ; la route qui conduisait de la maison
à la paroisse passait devant la Fonbourna, et, pendant
la nuit entière, des vents impétueux n'avaient cessé
de mugir. En entendant ma mère s'éloigner, je sautai
précipitamment au bas de mon lit.

« Où vas-tu, maman, où vas-tu ?

— Je vais à la messe, prier le bon Dieu pour toi.

— Tu n'iras pas, tu n'iras pas !

— Pourquoi, mon enfant ?

— Tu vois bien que je n'aime que toi, que je ne
veux pas te perdre.

— Pourquoi veux-tu que je me perde ?

— Comment ! tu ne comprends pas ?

— Mais non... j'ai beau chercher...

— Tu n'as pas entendu ce vent, toute la nuit ?

— Tu as peur qu'il m'emporte ?

— Non, maman, ce n'est pas ça, mais si tu tom-
bais dans la Fonbourna, comment ferais-tu pour ne
pas te noyer *avec toutes ses vagues ?* »

DANS LA ROSÉE

Ces matins-là, on se levait dès la pointe du jour. Les mouvements alertes, les physionomies animées, la hâte mise aux préparatifs, annonçaient des plaisirs intimes à nous préparés par la rosée et l'ombre des bois. Nos recherches avaient habituellement pour théâtre les garennes, alors touffues, qui s'étendaient entre la maison de la Sudrie, Puyssembert l'habitation du connétable, et le ravin des Chavailles. Les arbres étaient en assez grand nombre, et les ramures assez épaisses pour faire presque la nuit au-dessus de nos fronts, et, dans ce clair-obscur doucement incertain, nous suspendions quelquefois notre marche, prêtant l'oreille aux résonnances lointaines des angélus qui bourdonnaient parmi les brumes et l'ondoiement des feuillages. Dès que la vue distincte était possible, nous nous dispersions sur un espace de deux à trois cents pas, et chacun de nous, courbé sur la bruyère, foulant les genêts et parfois se piquant aux ajoncs, scrutait avec lenteur et silence les interstices, les cavités, les enfoncements, que formait l'entre-croisement des broussailles et des fougères. Bientôt les cris de joie commençaient à retentir, propagés par la brise matinale et répercutés par les échos : « Champignon, petit champignon, fais-moi trouver ton compagnon.

— En voilà un... deux... trois... toute une compagnie... Oh ! que celui-là est frais !... J'en tiens un magnifique !... Un joli blond... ce noir est d'un appétissant... Oh ! une belle oronge qui se détache de sa boule !... deux, trois... un vrai nid... un trésor ! »

Les petits paniers se remplissaient, et le contentement éclairait les figures. On se rencontrait et l'on se faisait voir les butins respectifs.

« J'en ai plus que toi, mon *bouyricou* est presque plein.

— Oui, mais les miens sont plus jolis et bien plus jeunes.

— Moi, je n'ai trouvé que des jobards et des burgraves.

— Moi, des groupes de tout petits ; on dirait des enfants au berceau.

— Prenez garde aux champignons *sauvages !*

— Oh ! voyez celui-ci, que j'écrase du pied, comme il devient bleu !

— Quelle horreur ! c'est épouvantable !

— Il suffirait d'en avaler une bouchée pour tomber raide mort.

— Il était bleu tout à l'heure, voilà qu'il est noir.

— C'est la méchanceté du poison ! C'est à faire trembler !

— Francille me racontait l'histoire de toute une famille enterrée le même jour pour avoir mangé de ces effrayants qui changent de couleur.

— Maria m'a dit que c'était le diable qui les faisait pousser.

— Écrasons tous ceux que nous trouverons, ce sera une bonne œuvre.

— Comme si nous brisions des têtes de serpents !... La vue du venin, ça fait penser à ces vilains animaux.

— Oh ! ne parlons pas de serpents ! s'il y en avait dans ces bruyères !...

— Voyons, nous avons assez bavardé ; le jour monte, il faudra bientôt revenir ; remettons-nous à chercher. »

Et nous poursuivions nos furetages sous les ramées, nos allées et venues, nos circuits ; la fraîche rosée nous inondait.

Tout à coup, les rayons du soleil se glissaient au travers des branches, et à l'extrémité des feuilles vertes faisaient briller les pleurs de la nuit. C'était le signal de la moisson parachevée ; les bois, dépouillés, demandaient un jour de repos. D'instinct on se dirigeait vers la clairière et l'on reprenait à la file les sentiers qui nous avaient amenés. Seulement on ne parlait plus. Enivrés d'une suave lumière sous l'ascension de l'astre, nous contemplions, un vague sourire aux lèvres, l'allégresse des arbres dorés par le matin. Et recueillis, attentifs, prêtant l'oreille, nous écoutions, comme un couplet lointain, la voix fêlée mais si douce de notre vieille cloche, qui nous chantait : « Venez, venez, petits vagabonds de l'aurore ; la chaleur plonge des coteaux aux vallées, l'ombre du logis vous attend. »

LES FRELONS

Une des bêtes les plus formidables de la création, heureusement de petite taille, ce qui l'empêche d'être un fléau irrésistible, est le frelon rouge, appelé *four-ceyrou*, dans nos campagnes. Sa conformation est celle de la guêpe, sauf qu'il a une longueur triple, un volume sextuple, une vigueur et une férocité dix fois plus redoutables. Son aiguillon fait des blessures aussi dangereuses que douloureuses. Il fond sur vous comme une balle, avec un bourdonnement sinistre et assourdissant, et l'on a la sensation d'un terrible coup de poing accompagné d'un enfoncement d'aiguille chauffée à blanc. Un proverbe peu rassurant dit que : « neuf tuent un bœuf. » Rien n'effraye plus un paysan que le vol sonore du frelon rouge. Les fourceyrous, en effet, ne se bornent point à la défensive, il leur arrive de vous attaquer et fondent alors sur vous d'une énorme distance, avec la rapidité de la foudre. Ces hyménoptères firent toujours sur moi la plus vive impression, moins peut-être en raison de leur piqûre qu'à cause de la haine sauvage peinte aux palpitations de leur corps écarlate et fauve, au frémissement de leur dard, à l'entre-croisement de leurs mandibules, aux hurlements de leurs ailes. Toujours attiré à combattre ce qui m'épouvantait, j'organisai plusieurs expéditions périlleuses à l'effet de détruire les nids de ces forbans, qui présentaient chacun mille à douze cents frelons, de quoi massacrer toute la paroisse. Ma sœur Louisette me suivait bravement, et nous poussions devant nous, pour faire diversion, un « abbé de vacances », nommé Platon, et un pauvre diable honteux, appelé Macassar, auquel ma pieuse tante donnait asile en sa qualité de neveu d'Ursuline. Le repaire que nous mîmes plusieurs années à détruire était situé à la cime d'un gros châtaignier, dominant les sombres *Chavailles*. Il s'agissait d'y porter les ravages de la flamme dévastatrice, au moyen d'une grande perche supportant un bouquet de fougères enflammées. Les fourceyrous se précipitaient et se flambaient les ailes ; on les ramassait par pleins chapeaux, vivants encore, mais ne pouvant plus que ramper. Point de générosité après la victoire : nous songions aux Romains égorgeurs des captifs, et nous avions la patience, une fois rentrés, de trancher la tête à des centaines de ces bandits, réduits à l'état de moignons à demi calcinés. Des accidents se produisaient parfois à l'heure de l'assaut, et je me rappelle un jour où nous fûmes repoussés avec perte, où Macassar, beuglant de terreur, fut pourchassé pendant une demi-lieue, où ce ne furent point de poétiques abeilles qui volèrent aux lèvres de l'abbé Platon. Louisette fut blessée, mais demeura sur place intrépidement. Une ombrelle que je tenais de la main gauche, en manœuvrant ma latte de la main droite, me préserva. Les frelons s'acharnaient sur la soie, leur ouragan furibond m'enveloppa sans m'atteindre.

Une après-midi, pendant la guerre, la garde nationale de la paroisse venant de faire l'exercice et de chanter la *Marseillaise,* à force de brailler le jour de gloire, s'imagina qu'il était arrivé. Faute de Prussiens à fusiller, on s'en prit aux fourceyrous, qui servirent de cible pendant quelques secondes aux canardières manœuvrant sous les ordres du capitaine *Massoulet.* Deux coups portèrent, et abattirent peut-être un frelon ; mais l'essaim tout entier se rua, en irrésistible et rugissant tourbillon. Les gardes nationaux, affolés, commencèrent par jeter leurs fusils, qui jonchèrent les chemins ; ils s'évanouirent dans toutes les directions, se roulant par terre, se vautrant dans les ajoncs, cherchant jusque dans l'eau de la Fonbourna un refuge hospitalier. Le jour de gloire, hélas ! n'était pas arrivé.

VESPÉRALES

Les promenades d'été, silencieuses et lentes après
le coucher du soleil, étaient accompagnées du chant
des grenouilles ; tout un peuple immobile, invisible,
qui, blotti dans l'ombre des cavités humides, faisait
monter à travers les branches un hymne à la nuit,
long, monotone, indéfini, fait de toutes les aspirations
retenues pendant le jour, et s'exhalant en paix parmi
la douceur des ténèbres. Ces modulations étaient
mystérieuses, en ce qu'elles se faisaient toujours entendre à une certaine distance de notre marche errante.
Quand nous allions vers l'endroit d'où elles semblaient
s'élever, elles reculaient devant nous tant que nous
avancions, et nous poursuivaient quand nous reve-
nions sur nos pas. C'était la figuration harmonique
des grands travaux du jour qui s'éteignent, le murmure des labeurs multipliés qui se hâtent vers le
repos, une sorte de prélude aux délices des extases
nocturnes, commencé dès l'enfoncement du soleil aux
collines occidentales, battant sa pleine sonorité quand
l'horizon rouge devenait violet, et diminuant d'ampli-

tude jusqu'à s'évanouir aux dernières lueurs du couchant. Il ne s'en dégageait ni une mélancolie, ni une allégresse, mais une vague somnolence, faite d'efforts perdus, de soupirs épuisés ; parmi cette indécise mélopée, une stridence par intervalles : le cri du grillon, comme une note de flûte dans une symphonie orchestrale. Quand les dernières grenouilles s'apaisaient, les premiers vers luisants se faisaient voir au ras des herbes pour éclairer notre retour, et peu à peu les tapis verts s'étoilaient de ces lumières pâles, à mesure que la floraison des astres s'épanouissait au ciel. Ces clartés fuyaient devant les mains comme la mélodie antérieure devant les pas ; elles échappaient à la profanation curieuse ; charme et délectation des regards, elles paraissaient dire : « Ne touchez pas. »

A notre rentrée dans la grande cour une autre musique nous attendait ; celle-ci plus profonde et plus triste : le chant des crapauds, tranquille et proche, intermittent et plaintif. Ces bêtes répugnantes et haïes, réduites à se cacher pendant le jour pour éviter l'écrasement, exhalaient leur sanglot à la tombée de la nuit. Ce n'était pas un cri déchirant, mais un soupir mélangé de rêverie et de prière. Ces maudits, ces lépreux, me paraissaient ainsi chanter : « Salut à la nuit douce, salut à l'ombre miséricordieuse ! Bénie soit la pitié des ténèbres, après la rigueur du soleil ! Nous sommes contrefaits, nous sommes horribles, hideux sous la lumière divine ; il nous faut nous ensevelir dans la terre, mais la brune propice nous dérobe à l'animosité des yeux ; elle nous enveloppe de son voile comme d'un bouclier magique, et, sevrés de l'azur du jour, nous pouvons aspirer la fraîcheur du firmament nocturne. Nos voix entrecoupées célèbrent par un hymne reconnaissant la venue des heures obscures; le crépuscule est notre aube, la lune est notre soleil. Ceux qui à nous voir frémissent de dégoût, nous écoutent avec délices. Nous berçons leur chute aux bras du sommeil. »

Moi, je ne pouvais clore mes paupières, en prêtant l'oreille à ces proscrits. J'étais ému de leur tristesse, et compatissais à leur chagrin, n'ayant jamais goûté la joie du repos au voisinage des larmes. Je m'étonnais du contraste entre l'abjection des êtres et la limpidité des accents, et, du fond de mon cœur, je sentais monter cette aspiration : Toutes les laideurs, toutes les difformités, ne devraient-elles pas être pardonnées, si une fibre céleste les anime? l'harmonie absente des contours et des formes, n'est-elle point rachetée par le rayonnement de la voix?...

SENTEURS VIVANTES

I

Quelques jours après les cytises, fleurissaient les
merisiers, plus éloignés des temps sombres, plus avan-
cés dans la jeunesse du printemps. Parmi les lauriers,
les lilas, les cassis, les arbres de Judée, la blancheur
des merisiers éclatait balançant un de ces aromes frais
et juvéniles que Baudelaire compare au parfum des
chairs d'enfant. Aucune complexité, nulle violence en
cette odeur, simple comme le cœur d'une fillette de
quatorze ans, naïve comme son sourire. Elle n'avait
pas l'attirance voluptueuse et ne provoquait point les
désirs sensoriels ; elle excitait à la pure joie des éclats
de rire perlés et des courses au matin dans la campagne verte. C'était le réveil, la gaieté, la candeur
d'âme sous l'illumination d'un soleil doux encore, vi-
vifiant sans appesantir, éclairant sans embraser. Le
chœur des oiseaux sur les branches des merisiers me
représentait la Théorie des communiantes en blanc,
qui, sans connaître les délectations terrestres, chantent la pure gloire de l'Amour divin. La saison de ces

fleurs est courte, mais comme elle laisse des regrets !
Quelle supérieure élévation, quelle dominante extase
dans cette pensée : Aimer pour Aimer ! Être exempt
des sollicitations, des fièvres, des désirs corporels,
n'être porté vers un amour que pour sa splendeur
admirée, pour l'éclat qui en ruisselle, pour la couronne
de lumière dont il nimbe vos cheveux. L'heure de la
passion est fatale comme l'ardeur de Messidor après
la fraîcheur de Floréal. Mais sous les étreintes de l'été
n'arrive-t-il point qu'on détourne la tête vers les
caresses du renouveau ? Après avoir humé à pleins
poumons d'opulents bouquets où les lis s'entremêlent
aux roses rouges et les anémones aux daturas, j'ai
souvent rêvé à la fleur de merisier ensevelie entre deux
feuillets propices, et je l'ai approchée de mes narines,
comme dans l'ivresse des vins capiteux on tend ses
lèvres à une coupe d'eau limpide.

II

La saison des foins était voluptueuse pendant les
longues journées brûlantes de soleil. Les paysans se
couchaient à peine, ils n'étaient pas endormis aux
derniers feux du crépuscule et se levaient dès les premières blancheurs de l'aurore ; pendant la course accablante du jour, ils ne cessaient d'abattre la faux que
pour en aiguiser le tranchant, et l'amas des herbes
tombait avec des expirations de sève répandant l'odeur
prolifique et génératrice, alourdissant la portion éthé-

rée de l'âme et poussant les corps lassés à l'ivresse des amplexions et à la folie des enserrements. Ces émotions d'en bas aux heures d'enfance sont obscures et indéfinies, mais elles cherchent à émerger parmi l'imperfection des organes comme les ailes du papillon percent la nuit de leur chrysalide. Ces senteurs qui flottaient n'avaient point de charmes, mais des attirances ; l'odorat n'était point en fête, mais il haletait dans une impérieuse évocation, comme un homme qui gravit en hâte les flancs abrupts d'un rocher. Je n'approchais point mes narines des tas de foin amoncelés, je me jetais sur ces montagnes d'herbes mouvantes, je m'y étendais, je m'y roulais, je humais presque furieusement les derniers soupirs de la sève, et je brûlais de confondre avec eux les exubérances de ma vie. De lourds sommeils s'abattaient sur moi, mais avec un cortège de délectations. Intuitif de l'ensemble sans la compréhension du détail, *je rêvais* à des jeunes filles venant partager ma couche de verdure, et cette fois ce n'était point la blancheur de leurs joues qui me sollicitait, non plus que les reflets de leurs yeux, mais la pourpre de leurs lèvres, draperie mouvante qui voile la scène des baisers profonds. Et la dualité finissait par disparaître, et, par une énigme inexpliquée mais ressentie, il n'y avait plus qu'une seule chair pour deux âmes, et de cette unité, faite d'éléments confondus, jaillissait bientôt un nouvel être, une troisième vie.

MESSIDOR

Le *Blé fin* était la grande fête de la métairie ; le colon, qui avait penché toute l'année au sol rouge sa tête alourdie, rassemblait en ce jour le plus noble produit de ses fatigues, le froment générateur du pain quotidien. Les grains étaient dispersés en un monceau dessinant la forme d'un croissant, toujours de la même longueur, mais plus ou moins renflé au centre, selon que l'année avait été généreuse ou avare de ses dons. Toute la journée on mesurait à l'aide d'un boisseau, d'une pelle en bois et d'un râteau destiné à égaliser et à aplanir la surface des quarts au moyen desquels les sacs étaient remplis. Après cette besogne venait le pénible travail du transport au grenier, où chacun était fier de montrer sa force, que la légende répandait ensuite dans tout le pays. Un homme qui n'eût pas enlevé ses quatre poignères eût été déshonoré ; il se trouvait des femmes jeunes et alertes capables de cet effort. Miry pouvait porter deux sacs ; Eÿer, disait-on, en avait jadis accumulé trois sur ses épaules. On murmurait avec admiration que ce dernier tour de

force était couramment accompli par *Bezat,* le graine-
tier du canton. A la suite de l'enfermement du blé, le
soleil était au moment de disparaître ; les métayers et
leurs aides, qui n'avaient pris jusque-là que de la
soupe et un petit nombre de crêpes, s'attablaient avec
le maître à un formidable repas : une soupe monstrueu-
sement compacte rappelant une augée de mortier,
bourrée de pain et de légumes, où la cuiller se tenait
toute droite ; du jambon un peu inquiétant et des
poules bouillies plus mangeables ; puis une série de
volailles à toutes les sauces existantes, aux carottes,
au vin, à la crapaudine, rôties, toutes succulentes. Il
y avait des pâtés chauds et des tartes confectionnées
sans beurre, d'une invraisemblable pesanteur spécifi-
que, congénères des blindages de navires. Puis des
tours de Babel de crêpes fabriquées sans interruption
toute la journée par la métayère. On mangeait panta-
gruéliquement et l'on buvait de même, mais quel vin !
même au temps où il restait des vignes ! Ceci gâtait le
festin, qui sans cela eût été louable. Les braves métayers ne s'en apercevaient point, mais malheur aux
maîtres qui acceptaient le pseudo-nectar ! Les expia-
tions nocturnes étaient implacables.

Aussi, il fallait voir comment le céleste jus de la
treille était fabriqué et profané par ces pauvres gens
aux gosiers de bois. Des raisins de toutes les espèces
abondantes, fussent-elles exécrables, — on allait jusqu'à l'immonde *feuille-figuier,* — étaient cueillis en
septembre, entassés mûrs ou verts dans des cuves sor-
dides où restait souvent encore du marc de l'année

précédente. Afin de tout gâcher, on faisait le sacrilège d'appliquer à ces tonneaux le nom de *gondoles*. Avant d'enfouir la vendange, on l'écrasait par le piétinement, broyant à la fois les graines et les guêpes voraces. Cette mixture végétale et animale était abandonnée trois semaines à la fermentation et soutirée dans de vieilles barriques servant indéfiniment, imprégnées de tartre et de lie. Le résultat, comme vinaigre, était notable. Et un vinaigre additionné d'une foule de relents interlopes, dont on ne cherchait pas à sonder l'origine quand on se résignait à boire l'effrayant liquide. L'*essentiel*, comme on dirait à Saint-Pétersbourg, était que les pauvres cultivateurs se contentaient de ce Margaux approximatif. Plus il était acide, plus il satisfaisait leurs papilles rudimentaires, et j'entendais souvent Jardinier, le gourmet-juré, s'écrier, après l'absorption d'un verre : « Comme c'est bon ! comme ça pique ! »

LA LÉGENDE DES ABIMES

Une des phrases les plus fécondes en épouvantement qui ait ému mes jeunes années, était celle-ci,
prononcée de temps à autre par ma pauvre mère avec
une expression atterrée :

« Ici il y a un abîme.

— Qu'est-ce qu'un abîme ?

— Un trou où l'on descend toujours sans jamais
arriver au fond. » Or, on affirmait l'existence de plusieurs de ces Tartares sur la foi d'assertions antiques. Il
y avait des abîmes à l'est et à l'ouest de la Fonbourna.
Celui de l'ouest était une fontaine de deux mètres de
diamètre, à l'eau noire et enchevêtrée de roseaux. Son
apparence lointaine justifiait sa réputation d'engloutissement, et l'on ne s'amusait guère à la regarder de
près. On y jetait parfois des pierres du haut de la
berge, et le retentissement un peu sourd produit par
la chute du caillou, d'ailleurs combiné avec la frayeur
préventive, était une démonstration de l'incommensurable profondeur. A l'orient du *lac* se trouvait un
deuxième abîme, invisible celui-là. Mon grand-père,

narrait-on, l'avait fait recouvrir de madriers pour éviter des catastrophes, mais on se montrait la place
avec des gestes pleins de tremblements. Il y avait aussi
l'abîme de la Dauje, près d'une métairie portant ce
nom sauvage. Cet Averne-là était situé à côté d'une
dépression de terrain desséchée et boisée, qui pouvait
bien mesurer trente mètres de profondeur verticale et
que l'on nommait le trou de la Dauje. Et l'on se
plaisait à dire que l'abîme, simple marécage plein de
boue et d'eau saumâtre, avait au moins les dimen-
sions du trou. « Un bœuf s'y était enfoncé jusqu'aux
cornes... Il y avait une série de couches successives :
de l'eau, de la boue, du sable, puis l'eau recommençait. » Après ces gouffres, que l'on pouvait traiter de
capitaux, il en existait de secondaires. *La Fonbourna*
avait de périlleuses régions. La mare qui avoisinait le
jardin, et que l'on appelait la *Péchère,* comptait en
certains endroits jusqu'à cinq pieds d'eau. Un enfant
eût pu se noyer dans les fossés du bosquet et de la
charmille : ma sœur Marguerite certifiait qu'une gre-
nouillère située au bout de l'avenue possédait un
fond qui allait en entonnoir ; personne n'osait songer
à la quantité d'eau contenue dans le *lac Noir,* sorte
d'excavation entourée de ronces, à la mine sinistre,
où l'on noyait les petits chiens et les poules malades.
Mais on citait d'un ton lugubre le *lac* de Jarjavel, où
une famille entière s'était engloutie, ayant enfreint la
loi du repos dominical. Le ravin des *Chavailles,* quoique privé d'eau généralement, pouvait être rangé
dans la catégorie des abîmes secondaires. Une horreur

particulière s'y attachait : c'était le Campo Santo des
bœufs et des chevaux. Sur ses talus on avait abattu
et enseveli *Souris,* la jument chérie de mon grand-
père. Des odeurs sinistres planaient aux bois d'alen-
tour, et avec un peu d'imagination et de clair de
lune, on pouvait entrevoir, aux heures propices, la
danse macabre des carcasses, et entendre à la fois
l'entre-choquement de leurs os.

Pauvres abîmes de première et de deuxième grandeur, comme vous êtes déchus ! Comme il est tombé
votre prestige funèbre ! Comme l'effroi que vous pro-
pagiez s'est pour jamais évanoui ! Sans parler de ceux
d'entre vous qui furent de tout temps mesurés, que
sont devenus les primordiaux, les terribles, les insondables? Comblés ! taris ! effacés ! incapables de faire
peur aux enfants. L'eau a disparu sous l'entre-croisement des ronces vives et des herbes parasites. Vous
me faites songer aux dogmes sévères vénérés jadis,
étouffés aujourd'hui par les incrédulités pullulantes,
et je demande à Dieu la *résurrection des abîmes !*

COUPS D'AILES

I

Je fus toujours obsédé par le désir des locomotions rapides. Le plaisir équestre pouvait rarement m'être accordé et d'ailleurs n'était jamais collectif. Pour que Louisette et Alix participassent à mes courses, j'acceptai avec joie les services d'une vieille bourrique au bon caractère et aux mœurs douces, dont nous opérions ensemble l'ascension dépourvue de péril. J'étais, bien entendu, en avant sur l'extrémité antérieure du bât. Louisette venait ensuite, la croupe extrême était occupée par Alix. Ainsi perchés, nous quittions la grande cour en général aux heures du soir, après le dîner, en été. Nous partions avec un petit trot raisonnable, tout ce que nous pouvions obtenir de notre pauvre véhiculante, mais l'essentiel était *que par l'imagination* nous nous figurions emportés par l'aile du vent. Quand sous mes excitations multiples et bruyantes l'ânesse se résolvait à quelques instants de galop, nous cessions en pensée d'être des cavaliers fougueux pour devenir des météores entraînés dans les champs de l'espace. C'étaient alors des cris émus, des rires d'enthousiasme bruyant; alors nous n'étions plus sur la terre, nous rivalisions avec les comètes et les étoiles filantes, secouant comme elles notre chevelure dans l'ombre du soir. La distance qui nous était concédée ne dépassait guère un kilomètre. On nous permettait d'atteindre le *sentier des Aveugles*, le point le plus éloigné que l'on pût apercevoir du perron de la Sudrie. Arrivés là, nous tournions tête sur queue, non sans regrets, et après l'allée rapide le retour était d'une excessive lenteur. Nous contemplions le crépuscule en chantant les *Deux Archers*, enseignement paternel. Les derniers couplets, les plus funèbres, concordaient avec l'entrée dans la partie ombreuse de l'avenue et une vague inquiétude s'emparait de nous. Nous nous retournions sans cesse vers les profondeurs du bosquet et de la charmille, pour bien nous assurer que nul *écho* redoutable ne répondait à notre voix, et qu'aucune *lueur sinistre ne rampait dans les ténèbres.*

II

Mais la bourrique ne suffisait pas pour calmer la hantise du *chemin de fer*, qui sans cesse me poursuivait. La vue, et surtout la pleine jouissance des

wagons, était chose très rare, et je trouvais d'instinct
une violente poésie dans le grand œuvre de l'industrie
contemporaine. Il me fallait donc, à toute force, imiter
la marche des trains : comme je faisais l'empereur,
le pape, le brigand, l'exécuteur des hautes œuvres,
tour à tour et avec une immuable gravité, je résolus
sans difficulté de déposer à certaines heures la pourpre et la tiare, la hache et l'épée, pour les insignes
plus pacifiques et plus modestes de chef de gare ; et
j'étais comblé d'allégresse par cet avatar nouveau, qui
comportait une sonnette, une carriole et une casquette
à galons. Je cumulais, bien entendu, les fonctions de
distributeur des billets et d'organisateur général avec
celles de chef de train et de locomotive : nous nous
attelions à trois au brancard d'une voiture d'enfant,
peinte jadis en bleu, très basse de roues, mais possédant un siège et un coffre. Dans ce coffre nous nous
plaisions à empiler de nombreux cailloux, qui nous
représentaient les voyageurs, et nous partions, après
les coups de cloche réglementaires, au quadruple
galop, pour nous arrêter en général à l'extrémité du
premier kilomètre, qui, à notre imagination, représentait une énorme distance. La fine voix d'Alix nous
servait de sifflet, et nous comptions quatre stations
entre la cour et le sentier des Bruges. La première
avait été baptisée Sacavin, en l'honneur de la passion
dominante de Miry, le cocher. A chaque halte, nous
déposions sur la *voie* un certain nombre de cailloux,
feignant toujours d'en oublier quelques-uns, impru-
demment endormis dans leur compartiment. Et quand

nous repartions, brûlant la terre sous nos petits pas, Alix ne manquait jamais de s'écrier, implorant en vain un arrêt de faveur : « M'sieu, M'sieu, un voyageur qui pleure ! »

ULTIMA THULE

I

Nos sérieux voyages en famille avaient pour but Périgueux, situé à sept lieues ; nos grandissimes expéditions se dirigeaient sur Angoulême, que trente lieues séparaient de nous. La simple excursion de Périgueux était un déplacement de haute importance, plein d'ineffables joies pour les privilégiés qui en faisaient partie. Une moitié de la nuit se passait en préparatifs : dès trois heures du matin, on se levait pour s'habiller en hâte. Des bruits insolites agitaient la cour tranquille ; la lanterne de Miry projetait des lueurs sur les murailles, le bruit de sa lourde marche retentissait, accompagnant les objurgations qu'il adressait aux chevaux. Dans la salle à manger, éclairée d'une seule bougie, on prenait du café au lait ou du chocolat, et on empaquetait, pour la journée, du pain, de l'eau rougie et du confit d'oie. Le départ avait lieu à l'aurore, et c'était avec un bonheur intime et tout particulier que je saluais du haut du siège le réveil des champs et des arbres, en aspirant au passage les odeurs fraîches du matin. Quand le so-

leil se levait, nous étions déjà dans les grandes routes
peu connues, qui avaient pour moi le charme de
l'ignoré et du lointain. L'ennui était l'obligation
d'écouter les chapelets et autres précations murmu-
rées par ma mère, ma tante et mes grandes sœurs.
La plupart des côtes se montaient à pied, la mono-
tonie des *Ave Maria* complétait celle de la marche derrière les chevaux essoufflés, et s'harmonisait
du bruit des roues écrasant le sol avec lenteur. Dès
l'arrivée, on se dirigeait vers la cathédrale, et la plupart des courses de la journée avaient un caractère
dévotieux. Ces dames voyaient leur confesseur extraordinaire, leur grand pénitencier, vieillard aimable
et plus courtois que l'abbé Julien. On mangeait sur le
pouce, dans une chambre d'hôtel, les provisions ap-
portées ; on se permettait parfois quelques gâteaux,
mais il était inouï que l'on prît un repas à table d'hôte.
Le retour s'effectuait généralement au sein des orages
et des tempêtes. Notre pauvre vieux carrosse était environné d'éclairs et de tonnerre, comme Moïse au
Sinaï, et, probablement pour imiter le prophète hé-
breu, la portion féminine de la caravane redoublait,
avec force signes de croix, les *Pater noster* et les *Glo-
ria Patri.*

II

Mon premier voyage à Angoulême laissa dans mon
âme une émotion profonde. Dépasser Périgueux !
quelle entreprise ! L'équipage de Christophe Colomb

dut ressentir une impression similaire en abandonnant
les Canaries pour s'enfoncer aux houles de la mer
ténébreuse. Ma curiosité naturelle était combattue
par une certaine appréhension de l'inattendu, par
une sensation d'isolement au milieu de paysages en-
tièrement nouveaux. Je me rappelle qu'à moitié chemin, dans une auberge de la route, on nous raconta,
avec des attitudes tragiques, un crime qui venait d'être
commis la nuit précédente. Un roulier d'Angoulême
avait assassiné un bouvier périgourdin ; une large traî-
née sanglante était demeurée sur la route, et nous l'a-
percevions de loin, humide encore et toute béante, en
pleine lumière. Je tombai dans un silence lugubre,
auquel nul spectacle ne put m'arracher, ni les vallées
avec leurs rivières sonores, ni les forêts touffues, ni les
tourelles des nombreux châteaux, ni la rencontre des
visages et des costumes inconnus. L'aspect même
d'Angoulême, cette lointaine capitale, atteinte après
deux longues journées, et se déployant en étages sur
sa colline abrupte, fut impuissante à dissiper la rêverie
funèbre qui m'obsédait. Je ne regardais pas les monu-
ments ni les rues, je n'écoutais pas les cris bizarres
des camelots du faubourg L'Houmeau. Seule la vue
des boucheries me faisait tressaillir, évoquant en mon
souvenir frémissant encore, le meurtre dont j'avais
contemplé la trace, la flaque de sang violemment
rouge au grand soleil.

L'EXIL

I

Je ne crois pas qu'il y ait dans ce monde ni dans
l'autre un navrement comparable à celui qui afflige
une petite âme arrachée du foyer maternel, et jetée
en proie aux Ergastules, où on lui confère les rudi-
ments du savoir profane, en échange de sa loyauté,
de sa candeur sainte, dont on la sèvre pour jamais.
Être exilé, à neuf, dix, onze ans, au pays des bêtes
féroces ! Je me représente encore avec un frisson ces
matinées ténébreuses de départ, ces levers nocturnes,
ces figures de tristesse accablées, ces malles funèbres
comme des cercueils, toutes les friandises prodiguées
et entassées dans de petits sacs, pour adoucir pendant
deux ou trois jours la vie amère. Au dehors, un jour
brumeux et froid, toutes les murailles semblant pleurer. Les derniers baisers étaient interminables, ainsi
que les suprêmes caresses aux chiens aimés. Tous les
coins et angles de la maison étaient visités pour les
adieux. Le plus laid et le plus vaillant des chevaux,
l'héroïque *Luron,* s'attelait à la petite voiture, et devait faire ses vingt lieues entre l'aurore et le crépuscule. Le convoi partait lentement, sous la conduite

de mon père; ma mère et mes sœurs restaient sur le
perron, agitant leurs mouchoirs, jusqu'à ce que le sentier des Aveugles fût dépassé. Pendant la demi-lieue
que l'avenue durait encore, c'étaient des échanges de
tendresse muette avec tous les arbres, tous les sentiers, toutes les flaques d'eau. Les cent derniers mètres
se parcouraient avec une extrême lenteur. Luron avait
le sentiment de mon intime souffrance, et se mouvait
presque au pas devant les derniers objets familiers.
Mais voici que l'auberge des *Trois Frères* était atteinte
au carrefour des chemins publics, et que mes regards
aimants ne se trouvaient plus accueillis que par l'in-
différence de la grand'route. Mon père me consolait
en m'étalant les gloires de l'âge mûr, que devaient
payer les tourments de la jeunesse. Et le baume de
l'orgueil adoucissait les blessures du cœur.

II

Mais quelle joie indicible, non pareille, immesurée,
que celle du retour! A l'afflux d'une rivière puissante
est nécessaire un lit profond : la torture primitive de
la séparation et de l'absence, cette excavation creusée
dans l'âme, était le principe et la cause de la débor-
dante allégresse qui saluait le berceau reconquis. A
trois cents pas du portail, les rumeurs heureuses me
parvenaient, des formes indécises au crépuscule s'agitaient dans la cour, les arbres qui bordaient l'allée se
penchaient pour m'embrasser au passage. Quand la

voiture s'arrêtait entre le perron et l'écurie, les chiens
fidèles n'attendaient pas que je fusse descendu, ils
bondissaient sur mes genoux et me léchaient avec des
hurlements de bonheur; mes parents, groupés autour
du véhicule, n'avaient que les restes de ces pauvres
bêtes. La vieille Francille, dans sa bonne familiarité
de servante aïeule, ne manquait jamais de venir m'é-
treindre. Éÿer, le connétable, se trouvait toujours là,
riant de plaisir dans sa barbe noire, et dans mes mains,
dont tous se disputaient une serrée, je rencontrais
tout à coup les grosses pattes de Miry et celles plus
maigres de la cuisinière, qui s'appela successivement
Marie de Bordeaux, cordon d'un bleu céleste ; Marie
Grinchevieille, bien nommée, ma foi ; Fontille, morte en
pleine jeunesse ; Janetti, la fidèle incomparable. Puis,
accompagné de Louisette et d'Alix, je parcourais
toutes les chambres, la cuisine, la grange, l'écurie,
pour me faire souhaiter partout la bienvenue. A bref
délai survenait le repas, si improprement appelé souper dans les temps anciens. Là, j'étais comblé de douceurs ; notre aînée, Marie, décorée du surnom de Rénotte, tenait à effacer pleinement le souvenir de mes
trois cents jeûnes. Ensuite la prière, et les délices du
sommeil environné de caresses dans mon paradis re-
trouvé.

JALOUX D'ÉPÉES

Quel jour d'impatiente joie que celui où mon père me dit pour la première fois : « Je t'apporterai un sabre ! » Inutile de songer à me faire dormir avant le retour de Périgueux, j'étais constamment au portail, cherchant à apercevoir un falot dans la nuit sombre, et disant à mon aînée, qui dans un sentiment plus désintéressé penchait son oreille vers la terre : « Rénotte, ma sœur Rénotte, n'entends-tu rien venir ? » Par une fatalité douloureuse, on rentra ce soir-là plus tard que jamais, et ce n'était pas peu dire. A une heure du matin, écrasé de sommeil, je me laissai coucher par ma bonne Maria, songeant aux accidents terribles, mais pour me dire tout simplement dans mon égoïsme : le sabre s'est-il cassé ? le sabre s'est-il perdu ? Je rêvai, dans la nuit, d'une moisson de glaives que je liais en gerbes, et que je chargeais vaillamment sur mes épaules. Dès le petit jour, je fus éveillé par la fièvre du désir, et je demandai à ma mère :

« Papa est-il arrivé ?

— Oui, mon petit.

— Quel bonheur, et le sabre... le sabre?

— Quand il fera jour, mon enfant.

— Tu es sûre qu'il n'a pas oublié le sabre?

— Je pense qu'il s'en est souvenu.

— Comment! tu penses... Qu'est-ce qu'il est allé faire là-bas, s'il ne s'est pas rappelé mon sabre?

— Ne t'inquiète pas, reste tranquille. »

On pense que je m'inquiétai considérablement et que je restai dépourvu de toute espèce de tranquillité. Je ne tardai pas à me lever doucement, à m'évader de la chambre, et à courir, le cœur battant, vers le monceau des provisions rapportées, que l'on avait déposées sur le billard. Couper les ficelles, éventrer les sacs, en goûtant par occasion le sucre et le chocolat, bouleverser les paquets, tourner et fouiller les rouleaux d'étoffes, toute cette profanation fut l'affaire de quelques minutes... Le sabre n'apparaissait pas.

« Maudit petit papa! il a oublié le sabre! m'écriai-je en tapant du pied. Il rentre en pleine nuit sans avoir fait la commission principale! Rattrapons-nous sur la cassonade. » Après l'exécution de cette vendetta, j'eus l'idée de courir à la voiture demeurée dans la cour, et d'en explorer le coffre. Je brisai, dans la brusquerie de mes mouvements, une bouteille d'eau de cuivre, et enfonçai mes doigts jusqu'à la garde dans un grand pot de cirage, que je faillis déguster, croyant à une marmelade. Enfin, sous la mécanique, enveloppé dans un gros papier jaune, je découvris... le sabre. Hélas! trois fois, hélas! C'était ce petit sabre qui m'était destiné! deux pieds de long... pas de tranchant... pas de pointe. Une consternation m'envahit. Me résignant à ce pis aller, je voulus essayer mon arme lamentable. Je réussis bien à décapiter quelques rosiers et quelques fleurs sauvages, mais la plus petite branche m'offrait d'insurmontables obstacles. Désespéré, j'allai dans le cabinet de mon père, et je contemplai, les larmes aux yeux, sa panoplie, où brillait un sabre réel auprès d'une véritable épée. Je leur tendis mes mains suppliantes, et ne me résignai pas du tout à la philosophie du renard devant les raisins. Ma chaise était insuffisante pour atteindre au but de mes vœux, je trainai une table qui se trouva trop basse. Au moment où j'amenais l'échelle à main, survint mon père qui interrompit mes tentatives ascensionnelles. Qu'importe! j'avais trouvé le moyen dont en cachette j'usai plus d'une fois. J'aurais cependant voulu être armé à la face du monde, et bien souvent je me répétai, en attachant à ma ceinture mon joujou inoffensif : « Quand donc mon sabre coupera-t-il? Quand une pointe aiguë terminera-t-elle mon épée? »

PÉCHÉ MIGNON

Un de mes vices capitaux les plus cultivés et enra-cinés était une insigne gourmandise, dont les aliments provocateurs par excellence étaient *la charcuterie de Jeannette* et les *bonbons polychromes* du jour de l'An. Jeannette de Merigue, ainsi nommée de son lieu d'origine, et nullement parente au héros du roman *Excelsior*, était une petite vieille osseuse, rabougrie, contrefaite, toujours souriante, très active, portant sur elle un parfum indélébile de poivre et d'épices, familière des girofles et des gingembres, éminemment habile à confectionner et à condimenter tous les produits dérivés de l'oie, du canard et du porc. Jeannette était présente quand le boucher Bÿa perpétrait ses égorgements, elle pétrissait le sang qui dégoulinait dans la terrine, et se mettait immédiatement à la fabrication des boudins. Venait ensuite l'élaboration des saucisses, des grillons, — rillettes dans les pays civilisés, — des pâtés, des andouilles, des filets froids, appelés enchauds, probablement par esprit d'antithèse. Toutes ces denrées gastronomiques avaient le don de surexciter au plus haut degré mon appétif, déjà notable, et mes envies gloutonnes. Je dévorais du regard, en attendant mieux, les saucisses démesurées s'enroulant en cercles dans des plats immenses, les pâtés et les filets entourés d'une graisse jaune et parfois d'une gelée succulente, les cous farcis, les confits savoureux. C'étaient les joies substantielles de l'hiver, les accompagnements des bons feux et des lits de plume, les victorieux combattants de la pluie et des brouillards. Par un sentiment de contradiction ne s'étayant sur aucune raison valable, peut-être pour taquiner ma sainte mère, qui portait la charcutière aux nuées, mon père critiquait avec une certaine âpreté les « œuvres de chair » de la petite vieille; j'ai, quant à moi, constamment exalté et magnifié la *charcuterie de Jeannette*.

Dans les environs du jour de l'An surgissaient d'autres sujets de goinfrerie, moins compacts et plus spirituels. Nous faisions des cadeaux de laine, de chanvre, d'indienne, d'un drap grossier appelé *droguet,* à tous les gens nécessiteux de la contrée avoisinante. Ceux-ci en reconnaissance se croyaient obligés d'apporter des paniers de friandises variées, tortillons, massepains, pastilles de quatre couleurs, pipes en sucre possédant toutes les nuances de l'arc-en-ciel. Je me jetais sur ce dernier article avec une avidité qui tenait à la fois de l'appétence du goût, et de la volupté des yeux; je trouvais aux bonbons rouges une saveur ardente, enflammée, aux bleus une fraîcheur profonde, aux jaunes un éclatant parfum de

soleil, aux verts la gaieté du printemps. Je braquais
mes regards sur les arrivants au moment où, avec une
lenteur précautionnée, et un sourire mystérieux, riche
en espoirs, fécond en promesses, ils dépliaient et dévoilaient les merveilles attendues. Leur émersion des
linges blancs, et des papiers jaunes, était saluée par
mes transports, je tendais les mains et me gavais des
prémices. Et à cet instant les bonnes femmes qui me
régalaient éprouvaient une transfiguration. Il ne m'é-
tait pas possible de songer à leur pauvreté habituelle,
de me représenter leur dénûment. Elles devenaient
pour moi des fées, laides sans doute, mais bienfai-
santes. Je ne pouvais m'expliquer que par de subtils
ensorcellements la coloration multiple de toutes ces
sucreries ; leur goût étrange, peu delicat mais
accentué violemment, me faisait conjecturer des
incantations magiques que les généreuses pauvresses
avaient dû psalmodier en chemin sous l'ombre des
bois, au murmure des fontaines. A toutes les dragées
et pralines venant de Périgueux je préférais les *bon-*
bons des vieilles, résidus des bocaux interlopes ayant
traîné dans les baraques foraines.

PARFUMS ET HORIZONS

Le jardin, joyeux d'aspect dans la matinée, peu habitable au grand jour, déployait au soleil couchant une haute splendeur qui tenait de l'éclat empourpré de l'astre et des mélancolies du ciel occidental. J'errais souvent à cette heure au milieu des plates-bandes et des parterres, dans le silence des soirs, propice aux émanations, aux fleurissements mystérieux. D'une extrémité à l'autre, de la mare à la terrasse, je me promenais lentement, perdu dans la suggestion des rêves, demandant leurs énigmes à toutes les corolles, sondant l'âme des calices. Et j'avais l'impression sensible du caractère intime des fleurs. Les muguets figuraient de folâtres jouvencelles aimant et chantant à quelques pas du tombeau précoce ; les roses étaient des *superbes* resplendissantes à l'œil, mais ne disant que de fières paroles aux oreilles de l'âme. Les grands lys méditaient, les jalousies pleuraient, les verveines avaient des mélopées sonores et les violettes des chuchotements. J'écoutais, comme une harmonie d'automne, le parfum complexe et fatigué des chrysanthèmes, et je me per-

dais longuement à contempler les *belles de nuit*. Oh !
celles-là avaient le plus doux des charmes, les plus
enveloppantes amplexions. Leurs secrets étaient trop
intémérables pour être livrés aux profanations du soleil. Leurs fines bouches s'ouvraient au crépuscule et
s'épanouissaient en plein sous le rayonnement des
étoiles. Et alors montait, vaguement rythmée, une
mélodie seulement perceptible aux fibres les plus lointaines du cœur, l'hymne des consolations aux regrets
éternels, l'évocation du rêve avec tous ses bercements,
du rêve éclos dans la paix nocturne, où tous les visages
sourient, où toutes les lèvres chantent, où tous les
yeux caressent et pardonnent. Je m'abîmais dans cette
contemplation, et *je buvais l'oubli du jour* pendant que
la fleur s'ouvrait aux fraîcheurs de l'ombre. Quand
j'avais communié de ses plus suaves haleines, je pla-
nais dans un monde spirituel et j'allais sur la terrasse
promener mes regards sur l'horizon, comme sur les
limites d'un univers enchanté, en dehors duquel les
pleurs ruisselaient, — seul exempt de soupirs et de
larmes. Cette conception, qui bornait aux coteaux en-
vironnants le paradis terrestre, fut l'une de mes plus
anciennes et de mes plus persistantes. Au delà de
certains tournants, derrière tels rideaux de verdure,
l'Éden s'éteignait pour faire place à la morne terre
des vivants : car la maison familiale et ses alentours
étaient un prolongement du ciel, un coin d'azur
tombé des voûtes bleues. Les centres divins se trouvaient à la chapelle, au campanile, au lit maternel.
Autour de ces foyers de lumière, le jardin, le bosquet

et la charmille étendaient leurs senteurs et leurs ombres, comme des draperies voilant le *Saint des Saints*.
Venaient ensuite les fermes et les prés, les premiers
bois et la Fonbourna, dernière enceinte encore imprégnée de ravissements. Puis commençaient les collines,
d'abord verdoyantes, se dénudant peu à peu, deve-
nant arides à mesure que le songeur les gravissait et
s'éloignait des vallées bénies. L'horizon était la grande
merveille qu'il ne fallait point franchir sous peine de
quitter le séjour des heureux. Et quand on arrivait à
ses limites, les sentiers devenaient plus étroits et se
recourbaient davantage, comme pour retenir vos pas
errants. Ce cercle d'une demi-lieue de rayon renfer-
mait la théorie des bonheurs et le groupe des
extases. J'estimais sacrilège de traverser son limbe sacré, après lequel les arbres et les pierres n'étaient plus
que des corps privés d'âmes.

DEUX OMBRES

I

Dans un angle de la cuisine, un puits était creusé,
d'une grande profondeur. Ce trou d'ombre avait des
aspects terrifiants ; quand on se penchait sur la margelle, on sentait son cœur se glacer à supputer par
l'imagination la hauteur de cette colonne de nuit.
Lorsqu'on laissait tomber une pierre, d'étranges résonnances se répercutaient sur les parois ébranlées, et au
bout de plusieurs secondes un fracas s'élevait sourde-
ment prolongé : la voix grondante de l'abîme. Le
câble où s'agrafaient les seaux avait toute la longueur
de la grande tour, et, avec une lanterne suspendue,
un regard attentif avait peine à distinguer, comme une
petite glace brillante, la surface de l'eau, très loin,
très loin au fond des ténèbres. Parfois, dans d'immenses paniers, des hommes tentaient la descente du

gouffre : lorsqu'ils en atteignaient les cavités extrêmes
où la nappe liquide miroitait sinistre et froide, on
apercevait d'en haut leur lumière telle qu'une faible
étoile presque engloutie dans un ciel noir, et leur voix
était affaiblie comme si l'obscurité l'eût dévorée. Je
croyais qu'ils avaient traversé l'épaisseur du monde
et que la lueur contemplée était le firmament entrevu
de l'autre côté de la terre. Lorsque les explorateurs
remontaient, péniblement hissés par six bras vigoureux,
parmi le cri du treuil et le craquement des poulies, on
entendait le timbre de leur voix augmenter d'ampleur
de minute en minute, jusqu'à ce qu'on les vît émerger
fantomatiques et pâles. Ils contaient alors d'effrayantes
histoires sur les choses trouvées dans les entrailles de
la nuit : des cavernes tapissées de suintements, des
bêtes visqueuses somnolant aux creux des rocailles,
des sonorités funèbres répondant au mouvement le
plus imperceptible, à la plus faible émission de voix,
le frisson causé par l'impression de l'eau qui dormait
immobile et glaciale. Et l'accent de leurs paroles témoignait que ces hardis avaient presque défailli, sous
la pesanteur de soixante pieds d'ombre.

II

J'étais accoudé au mur de la terrasse, un matin de
novembre, quand je vis passer dans le vallon une
longue file d'hommes et de femmes suivant un cer-

cueil. C'était une jeune fille morte la veille et dont on escortait l'enterrement. Je voulais apercevoir de loin la procession funèbre, rien au monde n'eût pu me décider à approcher de la bière. Au milieu des verdures jaunies, sous la clarté brumeuse de l'arrière-saison, je pus contempler, l'horreur dans l'âme, les planches recouvertes d'un drap blanc, mues avec lenteur sur quatre épaules et faisant une tache livide dans les tons gris du brouillard. Dès que j'eus discerné cette épouvante, il me fut impossible d'en détacher mes yeux, et, tout le long de la côte qui gravissait la colline, mon regard, magnétiquement fasciné, ne quittait pas cette forme oblongue relevée et abaissée de mouvements alternatifs, comme une voile au choc de la houle. Le surplis du prêtre, quoique blanc, n'avait point la même teinte que le suaire : c'était une pâleur vivante qui accompagnait une pâleur morte. Pourtant une sorte de vie inconsciente et sourde, issue des cahotements et des marches disparates, semblait animer le cercueil. A voir son chevet lugubre se soulever et retomber, on eût dit que la défunte s'efforçait de ressaisir le souffle, voulait se cramponner au jour, se débattait sous la pression des bois cloués. Ah! si elle pouvait seulement proférer un soupir, exhaler une plainte, la mère qui pleure à ses côtés reconnaîtrait la voix de son enfant. Elle arracherait le couvercle de sapin, elle rendrait la lumière à l'ensevelie. Et, dans quelques moments, ce ne seront plus deux pouces de planches, mais six pieds de terre qui s'appesantiront sur sa tête. Aucun bruit n'arrivera plus à son oreille après la chute des mottes d'argile, jusqu'à l'époque lointaine où la bêche du fossoyeur, bouleversant les tombes, exhumera sa poussière et dispersera ses ossements.

UN SONGE

Les contes bleus de mes grands livres à images disaient que sous les eaux des lacs et des rivières s'étendaient de magiques demeures où vivaient et régnaient les bonnes fées. Sous l'impulsion de ma foi et de mon désir, j'eus ce songe à la fin d'une nuit d'automne.

J'errais soucieux et la tête penchée au bord des eaux limpides de la Fonbourna, qui semblaient m'appeler et m'attirer parmi leurs secrets. Fatigué des chocs incessants de la vie brutale, rêveur de bercements éternels, je pensai tout à coup aux mystérieuses femmes qui habitaient sous la voûte des flots. Je me laissai donc tomber dans l'étang, et j'eus la sensation nette et poignante que je perdais connaissance pendant un espace de temps prolongé. Des heures nombreuses s'étant écoulées, je heurtai du pied un plancher de cristal qui s'entr'ouvrit doucement, me livra passage en une grotte enchantée, et se referma de lui-même, continuant à soutenir la masse énorme des ondes qui séparaient ce séjour de délices du triste monde des vivants. J'étais environné d'une lumière vague, produite par la robe trainante des fées, qui m'accueillirent sur leurs genoux; des cithares d'or brillaient en leurs mains, mais mon ouïe grossière ne pouvait entendre les subtiles modulations non plus que le murmure des voix, et je voyais s'agiter les doigts et les lèvres, sans rien comprendre à leur langage et à leur mélodie. Pourtant, les yeux des Naïades s'étoilaient d'amour, et leur bouche diaphane appelait mes baisers. J'ouvris mes bras pour les étreindre, mais je ne saisis aucune substance; je pénétrai leur forme idéale sans éprouver la sensation d'un corps. Je voulus marcher dans la grotte, le sol s'enfonçait sous mes pas, et les parois resplendissantes reculaient devant mon approche. Je n'éprouvais que la jouissance des yeux, j'étais submergé par un impalpable mirage. J'essayai de parler pour supplier les fées de s'abaisser un peu vers ma complexion matérielle; mais mes premières paroles, en ce calme inviolé, produisirent une telle stridence, que le palais tout entier s'ébranla, et que les Nymphes, épouvantées, perdant tout à coup leurs sourires, me montrèrent toutes ensemble, d'un même geste tremblant, la brèche par où j'avais pénétré, et qui, imparfaitement close, menaçait de se rouvrir, donnant accès à la fureur des vagues. Je me tus en frissonnant, mais un ennui insurmontable ne tarda pas à m'accabler. A tout prix, il me fallait quitter cette caverne monotone, où ma vue seule pouvait se repaître, où j'allais, malgré moi, devenir un ange. Mais que faire? où me retirer? Remonter sur la terre n'était pas désirable, je l'avais quittée dégoûté d'elle. Voici qu'une

idée précieuse m'illumina. Entre le séjour des réalités et l'habitacle des rêves, il y a la couche épaisse
des eaux, la région obscure des oublis. C'est dans ce
Léthé que je dois plonger mon corps et mon âme.
Ma résolution fut prise avec soudaineté; je dis adieu
au chœur des fées, qui recommencèrent leurs mouvements d'effroi en me voyant approcher du plafond
cristallin. J'y fis une ouverture nouvelle, cette fois
d'un coup de tête, et me trouvai enseveli bientôt au
milieu des ondes. Une suffocation me saisit, toutes
mes perceptions s'abolirent peu à peu sous la pesanteur de l'asphyxie, et je pus goûter la douceur du
néant, jusqu'à l'instant où mon réveil survenu me ramena dans ma couchette enfantine, peu soucieux des
mondes féeriques, ami instinctif du Nirvana, et, par-
dessus tout, désolé de me retrouver encore *sur la terre.*

FINAL

BRUNE

FINAL

LE DERNIER CRÉPUSCULE

LE soir tombait rouge et morne. La voiture familiale, qu'un demi-siècle avait délabrée, nous attendait au milieu de la cour, attelée de deux juments disparates n'ayant de commun que la maigreur et l'épuisement, dont une tristesse pesante ployait la tête et éteignait les yeux. L'heure avait sonné du départ suprême; nous quittions la maison chère où nous étions nés, contraints par une force inéluctable et douloureuse. Mais tous les mouvements de cet exode étaient lents, interminables, profondément empreints de l'amertume de s'arracher au sol aimé. Le soleil lui-même ne s'abaissait qu'insensiblement vers les bois, afin d'éclairer plus longtemps à nos regards affligés les murailles, les toitures, les contrevents fendus, le portail rongé, qui avaient tous pris des figures hu-

maines pour nous contempler et nous pleurer. Depuis
les temps reculés de mon enfance, le mur de l'écurie,
bizarrement tatoué par les pluies d'hiver, revêtait
pour moi l'apparence d'un visage, du visage débonnaire et compatissant qui embellit la vieillesse des ancêtres. Ce coin de maison m'avait toujours paru sourire, et à ce moment de l'abandon je me retournai vers
lui, pour emporter comme une consolation la douceur
de son regard ancien. Mais toute joie en était dis-
parue avec toute bonté : le génie familier qui l'animait témoignait la souffrance d'un incurable chagrin.
Cependant la pourpre du crépuscule s'affaiblissait, et
de longues bandes violettes coloraient le manteau du
firmament occidental. Le véhicule se mit en marche
avec le retentissement d'un char funèbre, en passant
devant la chapelle où sommeillaient nos morts aimés,
la sonorité des roues éveilla un écho sous la voûte
noire : en leur repos, les endormis tressaillaient, nous
envoyant un adieu. La cour est dépassée; nous avan-
çons au pas entre les arbres du bosquet et de la charmille imperceptiblement émus, comme les têtes respectueuses de vieux serviteurs délaissés. Mais leur
père à tous, le grand ormeau qui les vit naître, plus
sévère et plus triste, inclinait sa tête au vent de la
nuit comme un vieillard qui menace et qui maudit.
Voici que nous descendons la pente rapide du coteau
parmi les marronniers baignés encore de quelques
lueurs. Et notre pensée est assaillie par l'invasion des
ressouvenirs; chaque haie, chaque jonc, chaque dé-
tour de chemin, fut une halte de notre vie et a gardé

une parcelle de notre âme. La petite charrette que nous traînions autrefois venait jusqu'à ce ravin dans nos plus lointains voyages ; mes conquêtes guerrières atteignirent cette lande et ce sentier ; cet étang chéri, la Fonbourna, vit nos féeriques joies, nos gaietés éclatantes, nos fêtes ensoleillées. Cette route qui serpente au nord de la vallée fut le plus long et le plus pénible labeur de notre père. Il vient de le terminer et n'en jouira pas. Cette fontaine au frais miroir est celle qui nous désaltérait. Nous gravissons une colline. Ici est le tournant où l'on perd de vue la maison ; plus loin, la pente abrupte où les chevaux s'efforçaient le plus violemment, quand jadis ils nous amenaient à Vêpres, sous l'accablement des lourdes après-midi d'été. Voici la croix où chantaient les processions, le cimetière isolé maintenant du village, le clocher blanc qui a remplacé le gris campanile où bourdonnaient les vieux *Angelus*. La nuit est close ; la brise s'élève et l'air fraîchit ; les derniers aspects du pays abandonné s'effacent dans l'éloignement parsemé d'ombre, et roulant vers l'avenir brumeux, nous saluons par un frisson du cœur les jours passés, les choses mortes.

TABLE

—

PREMIÈRE ÉVOCATION

LES FANTOMES

DEUXIÈME ÉVOCATION

LES AMBIANCES

A PARIS

DES PRESSES DE D. JOUAUST

Rue de Lille, 7

M DCCC LXXXVIII

DANS LE MÊME FORMAT

Saint-René Taillandier. — Drames et Romans de la vie littéraire. 1 vol.

Jules Janin. — L'Ane mort. 1 vol. — Mélanges et **Variétés.** 2 vol. — Contes et Nouvelles. 2 vol. — Critique dramatique. 4 vol. — Correspondance. 1 vol. — Barnave. 2 vol. — Horace, traduction. 2 vol. — Deburau. 1 vol. — Petits Romans. 1 vol. — Petits Mélanges. 1 vol. — Petits Contes. 1 vol. — **Petite** Critique 1 vol. — Petits Souvenirs. 1 vol. — Chaque vol. **3 50**

> Il a été fait des œuvres de J. Janin un tirage d'amateurs de 300 exempl. sur pap. de Hollande, à 7 fr. 50 le vol., et de 25 Chine et 25 Whatman, à 15 fr., avec une *eau-forte* d'Hédouin pour les 14 premiers vol., et de Lalauze pour les suivants.

Paul de Molènes. — Histoires et Récits militaires. 1 vol. — Voyages et Pensées militaires. 1 vol. — Mélanges. 1 vol. — Aventures du temps passé. 1 vol. — Commentaires **d'un** soldat. 1 vol. — Caprices d'un Régulier, suivis de **Réflexions** sur l'*Imitation de Jésus-Christ*. 1 vol. — Chaque volume, **4 fr.**

> Il a été fait de chaque vol. un tirage d'amateurs de 300 **exempl.** sur pap. de Hollande, à 7 fr. 50, et de 25 Chine et 25 **Whatman,** à 15 fr., avec une *eau-forte* d'Armand Dumarescq.

Camille Delaville. — La Femme jaune. 1 vol. . . . **3 50**
J. Vilmain. — Mari ou Père. 1 vol. . . . . **3 fr.**

CURIOSITÉS HISTORIQUES ET LITTÉRAIRES. Gr. in-18

(Exempl. sur pap. de Hollande, sur Chine et sur Whatman.)

Les Almanachs de la Révolution, par J. Welschinger. 1 v. **4 fr.**
Voyages de Piron à Beaune, pub. par H. Bonhomme. 1 v. **3 fr.**
Parades inédites de Gueullette, pub. par Ch. Gueullette. **4 50**
Madame de Genlis, étude historique par H. Bonhomme. **3 fr.**
Lettres d'amour d'Henri IV, pub. par M. de Lescure. **4 fr.**
Le Régiment de la Calotte, par L. Hennet. . . . . . . **5 fr.**
Discours sur les duels, de Brantôme, avec préface par
Henry de Pène. **4 50**

3499. — Imprimerie D. Jouaust, rue de Lille, 7.

9 782329 479460